Volver a la Amistad

Dra. Laverna Moorer
Autora de *All Messed Up in the Potter's Hands*

BOOKSIDE Press

Copyright © 2024 por la Dra. Laverna Moorer

ISBN: 978-1-77883-294-9 (Rústica)

Todos los derechos reservados. Ninguna parte de esta publicación puede ser reproducida, distribuida o transmitida de ninguna forma ni por ningún medio, incluidos el fotocopiado, la grabación u otros métodos electrónicos o mecánicos, sin el permiso previo por escrito del editor, excepto en el caso de citas breves incluidas en reseñas críticas y otros usos no comerciales permitidos por la ley de derechos de autor.

Las opiniones expresadas en este libro son exclusivamente las del autor y no reflejan necesariamente los puntos de vista del editor, que por la presente declina toda responsabilidad al respecto. Algunos nombres y datos identificativos de este libro han sido modificados para proteger la intimidad de las personas.

BookSide Press
877-741-8091
www.booksidepress.com
orders@booksidepress.com

Índice

Introducción vi
1. Todo Empezó en el Jardín... 1
2. Definición de una Amistad según la Palabra De Dios 5
3. Cómo Volver 14
4. El Papel que Juega la Fe 18
5. Negación de Sí Mismo 21
6. El Resultado del Regreso 25
7. El Peligro de estar Lejos 33
8. ¿A Quién Afecta esta Amistad? 39
9. Cómo Cultivar tu Amistad con el Padre Celestial 42
10. El Papel del Espíritu Santo 48
11. Mi Propia Experiencia Caminando en La Presencia de Dios ... 53
La Oración 55
Acerca de Mí 56

Quiero dedicar este libro a la familia y amigos que el Señor me ha dado a lo largo de este viaje; aquellos a quienes amo, admiro y aprecio tanto.

Mi hermosa familia: mi hija, Ariel Moorer; mi esposo, Rodger Moorer, quien ha sido un gran apoyo; mis hijos, Jorge E. Cedeno y Jorge A. Cedeno, y sus esposas; mis nietos, Jorlen, Jaylen, Taliq, Arihanna, Kamel y Josiah.

Mi hermano, Rogelio Gibbs; mi madre espiritual, Yolanda Valentine Aviles, quien ha sido un gran ejemplo para mí como mujer después de Dios; Pastor Barry Dailey, un poderoso hombre de Dios.

Introducción

Siempre creí que la palabra "amistad" era especial porque siempre quise tener un amigo de verdad en mi vida: un amigo al que pudiera contarle todos mis secretos y con el que pudiera compartir mientras crecía como adolescente. Estaba muy unida a mi madre. Era como mi mejor amiga, además de una madre maravillosa. Estaba muy unida a ella. Iba a todas partes con mi madre. Siempre quería estar con ella.

Cuando tenía diecisiete años, mi madre murió de asma y mi mundo se vino abajo. Como niña de diecisiete años, todos mis sueños de hacer cosas con mi madre se desvanecieron. Seguía teniendo a mi padre, pero era algo entre mi madre y yo. Intenté seguir con mi vida, pero fue difícil. Todo el dolor y el vacío de no tener a mi madre, mi amiga, era difícil de sobrellevar, pero sabía que tenía que encontrarlo en mí para seguir con mi vida.

Un día, conocí a una chica a través de otra persona y nos hicimos amigas. Se llamaba Pamela. Era una amiga muy simpática, tenía una madre muy especial para ella y su madre me recordaba a mi madre. Su amistad me ayudó mucho. Me impedía pensar en el dolor de no tener a mi madre. Nuestra relación duró meses, pero un día decidió salir con un chico y ya no pasaba tanto tiempo conmigo como antes. Poco a poco, dejamos de vernos.

Entonces conocí a otra amiga en Dallas y ella tenía un poco más de experiencia en la vida que yo. Nuestra amistad era muy fuerte, pero ella se casó con un soldado del ejército y siguió con su familia. Nunca dejó de comunicarse conmigo. Cada vez que se mudaba a otro estado o país, me lo hacía saber. Pero eso no impidió que me sintiera abandonado y dejado atrás.

Sí, de nuevo seguí con mi vida y me casé. Mi ex marido era un español de piel clara. Yo era más bien morena. A su familia no le gustaba porque me consideraban negra. Su familia intentó separarnos enviándole a Nueva York, pero el día antes de que se fuera, nos volvimos a casar, esta vez abundando con un niño. Tuvimos un niño, Jorge E., que tenía un año. Nos dejó atrás. Mi ex marido se aseguró de enviarnos dinero para mantenernos. Trece meses después, llegaron los visados para mi hijo y para mí. El plan de su familia no funcionó como ellos querían. Dios estaba en la mezcla. Llegó el momento de dejar mi país y reunirme con mi ex marido en Brooklyn, Nueva York, en 1980.

Él estaba muy contento. Yo era feliz, pero no sabía cómo iba a sobrevivir en un lugar tan frío. Era demasiado para mí. Hacía mucho frío y lloraba todos los días porque quería volver a casa, pero mi padre no me dejaba volver. Decía que mi lugar es donde está tu marido. Bueno, intenté pensar en positivo y aprendí cómo se las apaña la gente en este frío país. No sabía inglés; ese fue uno de mis obstáculos. Tenía que quedarme en casa mientras mi ex marido trabajaba. Me costó mucho acostumbrarme al sabor de la comida, sobre todo a la carne y al agua. Perdí todo el pelo; tenía la piel seca por el agua. Pero quería hacer algo bueno de una situación mala. Sabía que estaba aquí para formar una familia con mi ex marido, que era mi amigo y protector. Pensé que este matrimonio duraría para siempre. Todo lo que tengo que hacer es lo que hace una esposa.

No me importaba su trabajo nocturno. Descansaba durante el día, se levantaba y se iba a trabajar. No había tiempo para nosotros. No había comunicación. Sólo me daba el dinero para el sustento y para pagar los gastos, nada más. Con el paso de los años, nos mudamos a nuestra propia casa y vivíamos de forma excepcionalmente decente. No había nada que necesitara que mi ex marido no nos diera. Era un gran proveedor. Sin embargo, las cosas empezaron a cambiar. Empezamos a discutir más. Empezó a culparme por socavarle, y las cosas se volvieron locas y el desapego creció. Yo sabía que tenía dos hijos que eran mi realidad.

Sabía que iba a protegerlos. No sabía cómo, pero haría lo que tuviera que hacer para mantenerlos a salvo. Me di cuenta de que este cambio en mi casa era una mujer que se había propuesto romper mi hogar, ella hizo de mi vida un infierno. Llamaba, maldecía y me contaba todo lo que le haría a mi marido. No podía soportarlo más. En aquel momento, creía que era mi amigo, mi protector, mi proveedor, mi todo. Él rompió esa confianza.

Ella destrozó ese amor, y todos los sueños de ver a mis hijos crecer con sus padres en la misma casa.

Sé que mi visión de amigo, de protector, de marido y de amor no era real para mí. Me quedé vacía de tanta rabia. Sabía que tenía que conseguir otro lugar para que mis hijos y yo viviéramos y rehiciéramos nuestras vidas.

Esa experiencia me enseñó que la gente es muy falsa. Simplemente no entienden el amor verdadero, el compromiso o el respeto. Esto es lo que el mundo nos enseña.

Salmo 33:16-20 (NIV): *Ningún rey se salva por el tamaño de su ejército; ningún guerrero escapa por su gran fuerza. Un caballo es una vana esperanza de salvación; a pesar de toda su gran fuerza, no puede salvar. Pero los ojos del Señor están puestos en los que le temen, en los que esperan en su amor indefectible, para librarlos de la muerte y mantenerlos con vida en el hambre. Esperamos en la esperanza del Señor; él es nuestra ayuda y nuestro escudo.*

Tuve una mala experiencia que mejoró esta situación. Tuve un encuentro con el Maestro, el Señor de los Señores. Qué experiencia de amor encontré en esta nueva relación. Encontré amor verdadero... sin insultos, sin mentiras, sin derramamientos, sin abusos, nada de eso. Encontré perdón y sanación y mucho amor. Encontré esperanza y confianza. Encontré un verdadero Amigo. Me dio el deseo de volver a vivir. Llegué a Él tan rota, pero el Maestro me recompuso. Pude entender lo que es un amigo, quién es un verdadero amigo. Pedí entender por qué Dios nos enseña continuamente en cada situación en la que nos encontramos; tuve que pasar por todo esto para descubrir a un verdadero amigo, y poder ayudar a los demás.

Fui salvada mientras estaba en prisión. Como he dicho, estaba destrozada y llena de dolor. No tenía confianza ni esperanza. Mi vida parecía una locura. No veía otra salida que Dios. Él sabía que todo esto iba a suceder. Sabía que había un Dios en algún lugar, pero parecía que no podía llegar a Él. Simplemente no lo veía aunque Él estaba ahí todo el tiempo, llevándome a través de todo con la solución a mis problemas. Simplemente no podía verlo porque parecía algo imposible y yo buscaba amor y amistad, y consuelo en la gente. Simplemente no confiaba en nadie, eso no iba a suceder. No podía ver.

La Biblia dijo en Isaías 46:10 (KJV), "Declarando el fin desde el principio, y desde la antigüedad las cosas que aún no se han hecho, diciendo: mi consejo permanecerá, y haré todo lo que quiero."

Fue duro para mí porque había puesto mi confianza en la gente que podía ver y sentir, pero una y otra vez, no funcionó. Mientras tanto, Dios decía: "Déjame ser ese amigo. Ven a mí. *Vuelve a la amistad*".

Cuando empecé a leer y a entender, tuve la revelación de que esto era lo que había estado buscando. Dios conoce nuestro deseo de ser amados. Nos hizo para tener compañía. Comencé a leer los pasajes de la Biblia sobre la amistad y cómo nuestro Padre Celestial hizo provisión para que continuemos nuestra relación con Él a través de nuestro Salvador, Jesucristo.

Romanos 5:10: *Porque si siendo enemigos de Dios, fuimos reconciliados con él por la muerte de su Hijo, cuánto más, estando reconciliados, seremos salvos por su vida. El precio que puso fue muy alto para demostrar su amor por nosotros.*

Hay mucha gente que pasa por lo mismo--buscando amor y amistad. Cuando lo piensas, realmente no fuimos creados para estar separados de Dios. Nuestras vidas sin Dios son como un árbol con malas raíces---estamos caminando hacia la muerte. Puedo oír al Señor diciendo: "Vuelve a la amistad". Esta llamada a la amistad es una invitación a todos, pero no todos aceptarán la invitación.

Dios no nos obligará a hacer nada, aunque podría; Él es tan dulce. Con toda la autoridad absoluta de Dios y su poder supremo para hacer lo que quiera, nos trata con respeto al permitir que nuestras elecciones importen. Esto puede parecer que contradice la soberanía de Dios, pero sólo lo hace en nuestras mentes finitas. Dios es capaz de ser soberano y llevar a cabo lo que quiere, al tiempo que permite que los seres humanos conserven lo que los convierte en personas reales: la libertad de tomar decisiones.

Por lo tanto, cuando rechazamos a Dios a través de la desobediencia constante y le pedimos que nos deje en paz en nuestro pecado, Dios no fuerza su mano sobre nosotros. Él nos perseguirá y nos buscará, pero cuando le pedimos que nos deje en paz a través de nuestra desobediencia o de nuestras peticiones directas, Él hace lo que le pedimos. No diré que no se pueda tener un amigo de verdad, que puede ser grande y cariñoso. Pero de nuevo, ninguno como nuestro Padre. Estas escrituras muestran lo que debe ser la relación con Dios.

Colosenses 3:12-17: *Por tanto, como pueblo elegido por Dios, santo y amado, revestíos de compasión, bondad, humildad, mansedumbre y paciencia. Soportaos unos a otros y perdonaos mutuamente si alguno de vosotros tiene queja contra alguien. Perdonad como el Señor os perdonó a vosotros. Y sobre todas estas virtudes revestíos de amor, que las une a todas en perfecta unidad. Que la paz de Cristo reine en vuestros corazones, ya que, como miembros de un solo cuerpo, habéis sido llamados a la paz. Y sed agradecidos. Que el mensaje de Cristo habite abundantemente entre vosotros, enseñándoos y amonestándoos unos a otros con toda* *sabiduría mediante salmos, himnos y cánticos del Espíritu, cantando a Dios con gratitud en vuestros corazones. Y todo lo que hagáis, sea de palabra o de obra, hacedlo todo en el nombre del Señor.*

1
Todo Empezó en el Jardín

La Biblia nos dice que la mayoría de nosotros somos dolorosamente conscientes de la cantidad de crimen, violencia, pecado y privaciones que existen en nuestro mundo actual. Si alguna vez tienes dudas sobre este hecho, sólo tienes que mirar las noticias de la noche. El cristiano ve esto como el efecto del pecado en nuestro mundo. Sabemos que es el resultado de la caída del hombre. La situación persiste porque demasiadas personas aman más las tinieblas que la luz (véase Juan 3:19).

Sin embargo, hubo un tiempo en que el mundo estaba libre de pecado. ¿Cómo era la vida antes de la caída, antes de que Adán y Eva desobedecieran a Dios y trajeran el pecado al mundo? Intentemos crear un escenario de esta existencia anterior a la caída, utilizando las palabras de las Escrituras y un poco de imaginación reverente.

Adán y Eva disfrutaban de una relación con Dios, y entre ellos, que no se veía obstaculizada por la problemática fuerza de la transgresión. La Biblia incluso demuestra que Dios pudo haber adoptado una forma física teniendo en cuenta que Su objetivo final era pasear con Adán y Eva en el jardín (véase Génesis 3:18). ¡Qué cosa tan impresionante tener la capacidad de hacer! Adán y Eva eran los únicos dos individuos en la tierra... y eran especiales de una manera que nadie lo ha sido desde entonces. Conocieron y se comunicaron rutinariamente con el Creador del universo.

Esto no es imposible cuando recordamos que no había ninguna maldad presente para mantener este tipo de relación amistosa. La sociedad que ellos apreciaban con Dios no era irritada como hoy donde tenemos en el planeta los medios de comunicación, hardware, y diferentes pecados están entre nosotros. Hay tanto desorden que permitimos en la vida y reemplaza a nuestro Creador. No percibimos esto ya que estamos ocupados, tan ocupados con las consideraciones de este mundo que perdemos la cercanía y el tiempo de compañerismo con nuestro amado Creador. Él está afirmando, "Vuelve a la Amistad. Confío en que cuando Dios estaba en el Jardín del Edén, Adán y Eva crearon un clima de calidez y armonía hasta el punto de dar la bienvenida a Dios para que paseara por el Jardín con ellos. En el Nuevo Testamento, se nos dice que "andemos en el Espíritu" (véase Gálatas 5:16). Este paseo alude a llevar una existencia que satisfaga a Dios. Según esta escritura sagrada, Adán y Eva caminaban con Dios antes de la transgresión o el pecado; no había ruptura en su asociación con Dios. Hoy, acogemos la presencia de Dios o en nuestra transgresión o le damos nuestro tiempo sobrante a Dios, lo que no es una relación ni siquiera una amistad.

Romanos 10:13: *Porque todo aquel que invocare el nombre del Señor, será salvo. También debemos recordar que Dios es santo.*

La Biblia dice en **1 Pedro 1:16:** *"Sed santos, porque yo soy santo".* Dios hizo dos personas---un hombre y una mujer. Él simplemente no los hizo y los abandonó. El Libro de las Escrituras nos deja saber que hubo correspondencia entre Dios y ellos y Él les impartió directrices. Hubo además un compañerismo que fue roto por Adán y Eva. Sin embargo, Dios Padre no deseaba aislarse de nosotros, sino que quería recuperar ese parentesco y esa cooperación. Envió a nuestro amado Jesús, que fue un castigo sustitutivo por nuestras malas acciones.

Echa un vistazo a la cantidad de Dios que nos adora a ti y a mí. El parentesco es básico para Dios, ya que crea cercanía, confianza y comunicación. Él sabe que podemos comprender que una relación profunda e importante nos permitirá ver toda la adoración y las ventajas que tenemos. Nos ayuda a llegar a conocerle de verdad y a comprender que conseguir ese tipo de compañerismo o relación nos muestra cómo tener una mejor asociación con los demás en nuestra vida, como en nuestro hogar, trabajo y colaboraciones diarias.

Confío en que la razón por la que Dios utilizó a Adán y Eva como pareja fue para mostrar un manual de conexiones matrimoniales. Considera este texto sagrado, ---Jesús describió nuestro parentesco con Él como una especie de trabajo: *"Llevad mi yugo sobre vosotros y aprended de mí, que soy manso y humilde de corazón, y hallaréis descanso para vuestras almas"*. Mateo 11:29.

¿Qué es un yugo? Un yugo es algo que hace posible que dos individuos cooperen. En Cristo, los individuos realmente cooperan de la manera en que Dios planeó que funcionaran cuando hizo de Adán y Eva una pareja. Mientras nuestros cerebros y cuerpos trabajan en asociación con otros individuos y Dios, nuestras almas «encuentran descanso». Cuando encontramos tiempo para llevar nuestros pesares a Él --- durante la temporada de cercanía --- Él recibe nuestra carga. Hay ventajas: encontraremos descanso en nuestro glorioso Padre, volveremos a nuestro Primer Amor, y no nos volveremos espiritualmente inquietos.

He pasado gran parte de los últimos veinte años trabajando como fundadora de una organización sin ánimo de lucro que asesora a mujeres que vuelven de la cárcel y les enseña a amar a Dios y a desarrollar su relación con Él. Gran parte de mi trabajo ha consistido en delegar autoridad, capacitar a los trabajadores y fomentar el trabajo en equipo. La base de este tipo de desarrollo ha estado siempre en el Génesis, aunque los cristianos no siempre han reparado en ello y en lo importante que es.

Las amistades requieren mucha energía, y la amistad con Dios no es un caso especial. Abraham estaba sentado a la entrada de su tienda cuando tres sublimes visitantes se dejaron caer por allí, y no estaba ocupado hasta el punto de no poder invertir energía con ellos. No estaba apresurado por comenzar con un arreglo y luego con el siguiente, con muchas cosas por hacer que pedían a gritos su consideración (Génesis 18:1-22:24.).

Llegará un período en el que no dispondremos de esta valiosa posibilidad que nuestro sublime Padre adorador nos brinda en numerosas ocasiones.

Hebreos 3:15: *Mientras se dice: Hoy, si oís su voz, no endurezcáis vuestros corazones, como en la provocación.*

2

Definición de una Amistad según la Palabra De Dios

La definición del Señor Jesucristo de un verdadero amigo: *Nadie tiene mayor amor que el que dio su vida por sus amigos. Vosotros sois mis amigos si hacéis lo que yo os mando. Ya no os llamo siervos, porque un siervo no conoce los negocios de su señor. En cambio, os he llamado amigos, porque todo lo que aprendí de mi Padre os lo he dado a conocer a vosotros.* (Juan 15:13-15)

Jesús es el puro ejemplo de un verdadero amigo, porque dio su vida por sus amigos. ¿Qué más podría pedir alguien que convertirse en Su amigo y confiar en Él como su Salvador personal, nacer de nuevo y recibir una nueva vida en Él?

Hay un ejemplo de verdadera amistad entre David y el hijo de Saúl, Jonatán. A pesar de que Saúl persiguió a David e intentó matarlo, Jonatán permaneció junto a su amigo David. Encontrarás esa historia en 1 Samuel capítulo 18 hasta el capítulo 20. (Ver 1 Samuel 18:1-4.) (Ver 1 Samuel 18:1-4; 20:11-17, 41-42). Proverbios es otra buena fuente de sabiduría con respecto a los amigos.

Proverbios 17:17: *El amigo ama en todo tiempo, y el hermano nace para la adversidad.*

Proverbios 18:24: *El hombre de muchos compañeros puede llegar a la ruina, pero hay un amigo que se pega más que un hermano.* La cuestión aquí es que para tener un amigo, hay que ser amigo.

Proverbios 27:6: *En las heridas de un amigo se puede confiar, pero un enemigo multiplica los besos.*

Proverbios 27:17: *Como el hierro afila el hierro, así un hombre afila a otro.*

El principio de la amistad también se encuentra en Amós 3:3: *¿Andarán dos juntos si no estuvieren de acuerdo?* Los amigos son de ideas afines. La verdad que se desprende de todo esto es que una amistad, una relación que entablan los individuos, sólo es tan buena o estrecha como esos individuos decidan hacerla. Alguien dijo que si puedes contar tus verdaderos amigos con los dedos de una mano, estás bendecido. Un amigo es alguien con quien puedes ser tú mismo sin temor a que te juzgue. Un amigo es alguien en quien puedes confiar plenamente. Un amigo es alguien a quien respetas y que te respeta, no por su valía, sino por su semejanza.

Finalmente, la verdadera definición de un verdadero amigo viene del Apóstol Pablo: *Porque difícilmente morirá uno por un hombre justo, aunque tal vez por un hombre bueno alguien se atreva incluso a morir. Pero Dios demuestra su amor para con nosotros, en que siendo aún pecadores, Cristo murió por nosotros.* (Romanos 5:7-8. NKJV)

Jesús dijo: *"Nadie tiene mayor amor que el que da la vida por sus amigos"* (Juan 15:13NASB).

Eso sí que es verdadera amistad.

La definición de Webster de amistad es alguien que está unido a otro por afecto; alguien que tiene por otro sentimientos de estima, respeto y afecto, que lo llevan a desear su compañía y a tratar de promover su felicidad y prosperidad; opuesto a enemigo.

Incluso cuando estaba pasando por mi cambio y Dios estaba transformando mi vida y mi corazón de todo el fracaso y la vergüenza y el dolor de mis dos hijos esperando a su madre, sentí que Dios era mi Amigo. Para mí era necesario descubrir a este gran Amigo y Persona a la que le podía llevar todos mis secretos y Él no le diría a nadie.

Pasó 1998, me casé y me quedé embarazada. Mi relación con el Señor se hizo más fuerte y real. Recuerdo un día que estaba sentada en el inodoro y el Señor me dijo que ungiera tu vientre porque vas a tener una niña y ella va a ser la más grande evangelista de este milenio. Me bajé del inodoro y cuando me ungí el vientre como Él me dijo que hiciera, me sentí muy feliz. Yo quería una niña y mi esposo quería un niño. Cuando esto pasó, hice saber a todos que este bebé no era un él, sino ella; ¡iba a tener una niña!

Yo vivía en Long Island, Nueva York, pero trabajaba en Queens, Nueva York, donde trabajaba para la ciudad de Nueva York. Un día, volviendo del trabajo, estaba esperando a que cambiara el semáforo en rojo. Lo siguiente que sentí fue un gran golpe en la parte trasera de mi coche, que me estampó contra el coche que tenía delante. El coche que iba delante de mí golpeó al que tenía delante. Eran cuatro los coches implicados en el accidente. En ese momento lo único que pude hacer fue sujetarme el vientre y rezar por mi bebé. La ambulancia y la policía llegaron al lugar del accidente y levantaron acta. Cuando se enteraron de que estaba embarazada, me llevaron corriendo al hospital.

Estaba llorando y tenía mucho miedo de perder a mi bebé, pero esa voz volvió a mí y me hizo saber que todo iba a salir bien. El Señor me hizo saber que esa era la razón por la que me dijo que ungiera mi vientre. Como siempre he tenido una buena relación con Él, siempre ha sido mi mejor amigo. Mi vida de oración fue el lugar donde desarrollé esa amistad con el Señor.

Con el paso de los meses, el Señor me hizo saber que mi hija no era un bebé corriente y que no debía llevarla a la guardería. Tenía que prepararme para la llegada de mi niña. Mientras estaba embarazada, comía alimentos muy sanos porque quería que mi hija estuviera sana. También quería que mi niña tuviera mucho pelo, buena vista y una piel bonita. Era la princesita. Ya tenía dos hijos varones que eran adorables. Todas las mañanas iba a rezar por ellos.

Durante mis descansos de quince minutos en el trabajo, teníamos una reunión de oración y había una madre que rezaba; se llamaba Eva.

Cada vez que ella oraba por mi bebita; yo estaba en el suelo muerta en el Espíritu. Cuando abrí los ojos, estaba en el suelo. Sabía que mi bebé necesitaba todas las oraciones posibles. No quería volver a pasar por algo como aquel accidente de coche. Sabía que el diablo estaba tras mi hija porque ella fue seleccionada por Dios desde mi vientre para ser evangelista.

Se acercaba el momento de tenerla. El médico dijo que llegaría el 14 de febrero de 2000. Cuando fui a ver a la doctora el 5 de febrero, me preguntó si tenía acidez y le dije que sí. La doctora dijo que tu princesita es muy peluda, y que tiene las mejillas muy gordas y yo le dije que podía ver todo eso. Me dijo que cuando tuviera el bebé le dijera si lo que había dicho era cierto. Yo estaba contenta porque mi niña tenía mucho pelo tal y como yo quería. Salí de la clínica, subí a mi coche y me dirigí a casa. Un coche salió de la nada y se metió en mi carril. Rápidamente intenté esquivarlo y otro coche que venía en mi dirección me golpeó de frente.

Me quedé destrozada. El golpe no fue tan grave. No sabía qué nos pasaba a mi bebé ni a mí. La gente se acercó corriendo al coche y, al ver que había una mujer embarazada, gritaron. Oh, ¡está embarazada! Me sacaron del coche y me metieron en la ambulancia. El bebé estaba bien, pero el coche no podía moverse. Vino la grúa y recogió el coche. Tenía contracciones, no muy fuertes, pero estaba muy incómoda; no dilataba. Estuve así cinco días y finalmente mi médico decidió inducir el parto.

Me llevaron al Mercy Hospital. Me dolían mucho las piernas y la espalda por el accidente. No me quedaban fuerzas para empujar al bebé. El médico empezó el proceso de inducción y el dolor del parto empezó a hacerse más fuerte, entonces mi hija, Ariel, estaba lista para venir, pero yo estaba muy débil. El médico me puso la epidural, pero yo seguía sintiéndome fatal. El médico me dijo que empujara. Mi marido me dijo que empujara la cabeza del bebé.

Entonces el médico dijo: "Tendré que proceder a una cesárea si no puedes empujar al bebé". Pero el bebé estaba ahí. Finalmente, me dijo: "Voy a traerte algo para ayudarte". Una enfermera se acercó a mi cama y me dijo: "Estoy aquí para ayudar y me llamo Grace. Cuando empuje tu pierna, empuja tú". Lo hice y Ariel salió enseguida. Estaba tan agotada que me dormí inmediatamente.

Ahora, recuerda que el nombre del hospital era Mercy (que en español se traduciría como Piedad) y la enfermera que vino a ayudarme se llamaba Grace. Esto es lo que Dios nos promete. Sé que la presencia de Dios estaba por todas partes en esa habitación. Por cierto, mi princesa se llama Ariel, que significa el león de Dios. Ahora tiene diecinueve años y ama al Señor. Tal como el Señor dijo, ella es una pastora evangelista y está muy ocupada con Dios y la escuela.

2 Juan 1:3: *La gracia, la misericordia y la paz de parte de Dios Padre y de Jesucristo, el Hijo del Padre, estarán con nosotros en verdad y amor.*

Salmo 23:6: *Ciertamente tu bondad y tu misericordia me seguirán todos los días de mi vida, y habitaré en la casa del Señor para siempre.*

Pienso en mi vida desde el principio hasta ahora. Nunca podría creer que me viera aquí sin esta relación de amistad y amor con el Señor. Quiero que la gente sepa que Dios no es sólo un amigo imaginario que sólo puedo imaginar; Él está realmente muy vivo. Habla, escucha y nos guía. Quiere que volvamos a ese primer amor, a esa amistad, a esa relación de amor que tuvimos con Él. Hay tantas bendiciones en responder a Su invitación, pero hay peligro en ignorarla o rechazarla.

Otra cosa que debemos saber acerca de Dios es que Él es omnisciente, lo que significa que todo lo sabe. Es la capacidad de tener un conocimiento completo o máximo. Junto con la omnipotencia y la bondad perfecta, suele considerarse uno de los atributos divinos centrales de Dios. Una de las fuentes de la atribución de omnisciencia a Dios deriva de los numerosos pasajes bíblicos que le atribuyen un vasto conocimiento.

Isaías 46:9-10 (KJV): *No os acordéis de las cosas antiguas, porque yo soy Dios, y no hay otro; yo soy Dios, y no hay otro como yo. Declarando el fin desde el principio, y desde la antigüedad las cosas que aún no se han hecho, diciendo: Mi consejo permanecerá, y haré todo lo que quiero.*

Isaías 40:13-14 (NIV): *¿Quién puede desentrañar el Espíritu del SEÑOR, o instruir al SEÑOR como su consejero? ¿A quién consultó el SEÑOR para que lo iluminara, y quién le enseñó el camino recto? ¿Quién fue el que le enseñó la ciencia, o le mostró el camino del entendimiento?*

Experimenté algo con Dios que me hizo comprender lo importante que es la amistad. Hace poco, me sentía un poco cansado. Normalmente, no dejo que nada me abata tan fácilmente. Sigo trabajando y siendo voluntaria en la cárcel. También tengo un negocio de limpieza que creé para el programa de mujeres porque uno de los mayores problemas que encontraba era no poder dar trabajo a las mujeres a las que ayudaba. El negocio estaba creciendo y las cosas empezaron a mejorar, pero yo me sentía mal. Realmente no sabía qué me pasaba. Sentía que la vida se me iba poco a poco. Estaba muy preocupada por mi hija, porque Ariel sólo tenía dieciséis años. No hablé con mi hijo, el pequeño Jorge, para hacerle saber cómo me sentía. Sólo Dios y yo sabíamos cómo me sentía. Un día, fui al Señor y recé. Recuerdo que el rey Ezequías oró para que Dios prolongara su vida y Dios se lo concedió. Fui a ungirme y le pedí a mi Padre que por favor me alargara la vida, veinte años más de lo que Él pensaba darme. Quería que Dios me sanara de cualquier cosa que estuviera tratando de hundir mi cuerpo. Fue tan divertido porque supe que la oración había sido contestada. Me sentía tan confiada.

Un día, oí esa suave voz que me decía: "Revisa tu corazón", pero la ignoré. Volví a oírla y eso hizo que me decidiera a ir inmediatamente al médico y contarle lo que me pasaba. Quería ir a un especialista del corazón y mi médico me preguntó por qué y si sentía algún dolor en el pecho. Le dije: "No, pero el Señor me hizo saber que debía revisar mi corazón". Ella dijo: "De acuerdo, si el Señor lo dice lo haremos". Dejó que una de las enfermeras concertara una cita con un especialista del corazón.

Con el paso de las semanas, no conseguí la cita, así que volví a mi médico y se lo hice saber. Volvió a la misma enfermera y le preguntó por qué no me habían dado cita. La enfermera dijo que estaba esperando la remisión; esa fue su respuesta. Al día siguiente, cuando llegué a casa, me llamé y conseguí una cita para el 6 de julio de 2016 para ver al especialista del corazón. Ordenó un ecocardiograma y lo hizo el 29 de julio. Me dijo lo que estaba pasando. Me dijo: "Tu corazón está muy débil. Veo que has tenido un infarto silencioso. Te mandaré a hacer un cateterismo cardíaco debido al infarto silencioso y necesito saber si alguna arteria se dañó por el infarto".

Volví al cardiólogo el 17 de agosto y el médico me informó de mi estado. Me dijo que una de mis arterias principales estaba obstruida en un 95%, la segunda en un 75% y la tercera en un 89%. Cuando el médico me dio el informe, me quedé desolada. No sabía qué hacer. Tenía que tomar una decisión y no estaba preparada.

Pero mi hija de dieciséis años tuvo valor y me dijo que me iba a operar. Lo siguiente que supe fue que estaba en la ambulancia rumbo al Hospital Emory. Cuando llegué allí, era como si esas personas me conocieran y yo los conociera a ellos. La decisión fue mucho mejor para mí.

Todo esto era demasiada coincidencia. Sabía que era obra del Señor porque Él me dio el Salmo 91:11 (RJV): *Porque a sus ángeles mandará acerca de ti, que te guarden en todos tus caminos.*

Creo que todas esas buenas personas fueron los ángeles que hicieron agradable ese momento crítico. Mi familia estaba muy asustada. Mi marido y mis hijos sabían la hora de la operación. Mi hijo pequeño no quería que entrara en el quirófano hasta que él llegara, pero no fue así. La operación estaba programada para antes de que él llegara.

Estuve siete horas en el quirófano. Mi hija y mi marido estuvieron allí hasta el final. Preguntaron al médico por la operación y el médico les dijo a mi marido y a mi hija que había sido un éxito, pero que en vez de un bypass triple tenían que hacer un bypass cuádruple.

Mi hija y mi marido se fueron, y mi hijo llegó a la una de la madrugada. Yo estaba hinchada de agua, lo que le asustó lo suficiente como para hacerle llorar. En ese momento, mi hijo le dijo al Señor: "Tú sabes la razón de todo esto, Señor". Empezó a rezar y a adorar. Podía oír la música de adoración. Yo entraba y salía de la anestesia. Entonces mi hijo me envolvió en una toalla blanca con escrituras de la Biblia. Empezó a ungirme. Sentí que el calor se extendía por todo mi cuerpo y al día siguiente casi toda el agua había salido de mi cuerpo.

Mi hijo estaba allí todos los días; dormía en el hospital. Cuando se levantó una mañana, me dijo: "¡Mami, tienes muy buen aspecto!". El doctor vino esa mañana y dijo lo mismo--- te ves muy bien.

2 Rey 20:2-6 (KJV): *Entonces volvió su rostro hacia la pared, y oró a Jehová, diciendo: Te ruego, oh Jehová, que recuerdes ahora cómo he andado delante de ti con verdad y con corazón perfecto, y cómo he hecho lo que es bueno delante de tus ojos. Y Ezequías lloró desconsoladamente. Y aconteció que antes que Isaías saliese al atrio de en medio, vino a él palabra de Jehová, diciendo: Vuélvete, y di a Ezequías, príncipe de mi pueblo: Así ha dicho Jehová, Dios de David tu padre: He oído tu oración, he visto tus lágrimas; he aquí que yo te curo; al tercer día subirás a la casa de Jehová. Y añadiré a tus días quince años, y te libraré a ti y a esta ciudad de mano del rey de Asiria; y defenderé esta ciudad por amor de mí, y por amor de David mi siervo.*

¿Por qué compartí esta historia? ¿Por qué les conté mi experiencia con Dios? Cuando volví a casa del hospital, estaba muy traumatizada por todo esto. Sucedió tan deprisa. Quería saber lo que Dios estaba tratando de decirme porque nunca hubiera sabido que tenía un problema tan severo con mi corazón. Me sorprendió cómo Dios me lo reveló. Por dentro, lloraba porque a veces no creemos merecer tanto amor. En la mesa de operaciones, durante la operación, vi un ojo que miraba de izquierda a derecha, y estaba llorando. Cuando terminó la operación, me desperté y recordé haber visto ese ojo. Una cosa que Dios me dijo fue que solo se revelan los secretos a los amigos.

Proverbios 18:24 KJV): *El hombre que tiene amigos debe mostrarse amistoso; y hay amigo más cercano que un hermano.*

Dios me dijo que Él solo se revelará a aquellos que tienen una amistad con Él. Él quiere que la gente regrese a la amistad. Él me dijo que le dejara saber a todos como estoy anhelando esa amistad- Vuelve a la Amistad. Yo solo pienso que nunca tuve problemas del corazón. No sabía lo que me pasaba. Si no fuera por el Señor tirando de mi abrigo, probablemente hubiera terminado con un derrame cerebral.

Hay conversación y revelación que tienen lugar en una relación íntima con Dios. El Espíritu Santo me reveló que pude saber que era Él porque caminamos juntos, hablamos juntos, oramos juntos, estudiamos juntos; tenemos una amistad.

Hoy, la gente no quiere una relación con Dios. Quieren una amistad, porque no quieren asumir la responsabilidad que conlleva una relación. La gente no quiere compromisos. Todo tiene que ser al estilo microondas.

3
Cómo Volver

El diablo tiene una manera de alejarnos lentamente de Dios. Una vez yo estaba deprimida, y no sabía lo que estaba pasando. Yo no sabía que estaba deprimida, y el Señor me reveló en una visión tiene una ola. Me mostró la ola y me dijo: "Estás en depresión. Primero te está aislando y alejando de Dios". Yo no me di cuenta de esto, y Él me hizo saber que lo que yo estaba pasando era una ola de depresión y que estaba jalando lentamente hacia una profunda depresión.

A veces, nos encontramos en la orilla disfrutando y ni siquiera nos damos cuenta de que la ola nos está arrastrando. Poco a poco, las olas empiezan a tirar y no nos damos cuenta. Nos alejan del lado seguro hacia una zona profunda donde eventualmente podemos ahogarnos. Eso es lo que hace el enemigo. Viene de una manera muy astuta y nos aleja con todo tipo de distracciones. Lo siguiente que sabemos, es que no tenemos ganas de orar, leer nuestra Biblia, o tener compañerismo. A veces cuando nos damos cuenta, es demasiado tarde. La gente se ahoga así y otros pierden su primer amor y regresan al mundo.

El corazón de Dios se rompió cuando el pecado entró en la vida de Adán y Eva. Y la relación que Él tenía con ellos se separó debido a ese pecado. El pecado es la condición humana universal, pero debemos volver a la amistad con nuestro Padre celestial. Ahora bien, antes de que podamos comenzar una amistad, debemos arrepentirnos y creerle a Dios con respecto a Sus promesas.

Entonces, ¿cómo volvemos a estar bien con Dios después de haber hecho algo totalmente equivocado? En la Biblia, la historia de David es uno de los mejores ejemplos de alguien que metió la pata hasta el fondo y luego arregló su vida con Dios. David fue uno de los hombres más piadosos de todas las Escrituras. Amaba al Señor, pero en un momento de debilidad, cometió adulterio con Betsabé y trató de encubrirlo asesinando a su marido. El Salmo 51 nos da una instantánea de lo que sucede dentro del corazón de David después de que el profeta Natán confrontara a David en su pecado. Segundo Samuel 12 nos muestra los pasos que dio David en su "camino hacia la recuperación espiritual". Aquí están los siete pasos que David tomó para volver a estar con Dios:

Paso 1: Confesarlo todo con Dios. Sé franco y pide perdón por haber cometido un error y reconoce tu obligación. A veces, podemos temer perder nuestra notoriedad después de haber sido descubiertos. Asimismo, podemos temer perder el consuelo que obtenemos de nuestra fechoría. Sin embargo, la paz que recibimos como resultado final de decir la verdad estará justificada a pesar de todos los problemas. Asume que el resultado de Dios será grande.

Paso 2: Pedir perdón a Dios. Debemos pedir a Dios que nos perdone. Ve que David no intentó consultar con Dios o reducir su transgresión. Dijo: *"Ten piedad de mí, oh Dios, por tu amor inagotable; conforme a tu gran compasión borra mis transgresiones"*. (Salmo 51:1 NIV)

Paso 3: Asume la responsabilidad de tus malas acciones. Tenemos que reclamar nuestra parte en nuestros pasos en falso y en los resultados. *"Porque yo conozco mis rebeliones, y mi pecado está siempre delante de mí"* (Salmo 51:3-5 NIV).

Paso 4: Recibir la absolución y purificación de Dios. Cuando admitimos que hemos metido la pata y le decimos a Dios que necesitamos una asociación restaurada con Él, recibimos su belleza y perdón. En cualquier caso, para comprender la absolución de Dios, debemos confiar en que somos disculpados y adorados genuinamente.

Paso 5: Rezar por una gracia fresca. La Biblia dice: *"Acerquémonos, pues, confiadamente al trono de la gracia, para alcanzar misericordia y hallar gracia para el oportuno socorro".* (Hebreos 4:16 KJV)".

Paso 6: Resuelve utilizar la decepción pasada para el servicio. Dios necesita utilizar la cosa más problemática que hayamos hecho y convertirnos en un caso de Su afecto y elegancia. Dios utilizará cada una de nuestras malas acciones para alabarlo, en caso de que se lo permitamos. David le dijo a Dios cuando Él hizo esta nueva obra en el *"entonces enseñare a los transgresores tus caminos para que los pecadores se vuelvan a ti. Abre mis labios, Señor, y mi boca proclamará tu alabanza"* (Salmo 51:13,15 NIV).

Paso 7: Orar por las secuelas constreñidas. Nuestra transgresión nunca influye exclusivamente en nosotros. Debemos pedir que, en su elegancia, Dios minimice el daño que nuestras transgresiones hayan podido tener en todos los que nos rodean.

Una y otra vez en las Escrituras, se nos recuerda que servimos a un Dios que comprende que somos mortales y luchamos contra la transgresión. Por Su afecto hacia nosotros, Él nos perdona y toma nuestros minutos más extremadamente terribles y los reclama para Sí.

En medio de nuestros minutos más problemáticos---tiempos de emergencia, perplejidad y agonía---es mi petición que Dios utilice esta instrucción y utilice la circunstancia que causó la división de Él para ayudarnos a pasar de simplemente "pensar en Él" a encontrar efectivamente Su cercanía y poder en nuestra vida particularmente cuando más lo necesitamos.

Cómo Volver

Ahora sé que el enemigo nos aleja gradualmente de nuestro Padre una vez que hacemos esa progresión para volver a Dios y volver a la amistad. Debemos hacer un esfuerzo para no reemplazar a Dios en nuestras vidas. Debes pedir que el Espíritu Santo te haga saber cuándo te estás alejando de Dios. Si no es mucha molestia, escucha la voz del Espíritu Santo ya que Él te lo dirá. En otro capítulo, hablaré sobre la disciplina.

Algunas personas piensan que pueden darle a Dios cualquier tipo de tratamiento, y que Él simplemente lo reconocerá. Entiendan que Él está apreciando y cuidando a Dios. Él reconoce lo que es el amor y nosotros continuamos tratándolo de cualquier manera y anticipamos que Dios lo reconocerá. Ten en cuenta que Dios no necesita que le demos nuestro tiempo sobrante. Nosotros requerimos a Dios.

4

El Papel que Juega la Fe

La Biblia dice: *"La fe es la certeza de lo que se espera, la convicción de lo que no se ve"*. (Hebreos 11:1 NKJV) A fin de cuentas, la confianza es la sustancia de las cosas que se esperan. El apóstol Pablo no está debatiendo lo que es la confianza. Más bien, está mostrando lo que la confianza hace en cierto sentido: La fe sustenta lo que buscamos. La confianza es el establecimiento de aquello en lo que confiamos, el establecimiento para nuestra asociación con Dios y el establecimiento de todo lo que sugiere dentro de Su Reino. La confianza es el punto de partida absoluto de todo lo que importa profundamente.

Al decir que la confianza es la evidencia o la seguridad significa que al tercer día, Abraham miró hacia arriba y vio un lugar a lo lejos. Les dijo a sus sirvientes: *"Quédense aquí con el burro mientras yo y el muchacho vamos para allá. Iremos a adorar y luego volveremos a ti"*. (Génesis 22:5 NIV) Tenía la seguridad de que iba a traer de vuelta a su hijo aunque no tuviera un cordero para quemar en el altar. Él sabía que tenía la seguridad de que Dios iba a proveer el cordero o si tenía que usar a su hijo como ofrenda, Dios lo levantaría de entre los muertos. Esa era su seguridad.

La confianza es lo que se busca. Pablo se acerca mucho más a la caracterización de lo que es la confianza. En su marco menos difícil, la confianza es una convicción. Nuestra comprensión se vuelve más enredada y trabajosa cuando empezamos a darle a la confianza algo que hacer; llega a ser una certeza. En su mejor forma, cuando resulta completamente operativa, es confianza. Esta confianza está viva y funciona dentro de nuestra asociación con Dios.

Tenemos que comprender que pasear en confianza es depender y confiar en Dios. No es para los que no conocen a Dios. Es para aquellos que si conocen a Dios y han tenido una conexión con Él. La confianza depende de las experiencias que has tenido con Él. Debes confiar que lo que la Biblia dice es genuino. Tu paso inicial es confiar. No es un buen presagio para ti leer y no aceptar.

La sagrada escritura dice: "Pero sin fe es imposible agradarle; porque es necesario que el que se acerca a Dios crea que le hay, y que es galardonador de los que le buscan." (Hebreos 11:6 KJV) Yahweh es un Padre tan adorador al punto que le molesta cuando no lo satisfacemos, cuando no confiamos en la palabra que Él limpió para que vivamos. Él quiere derramar tal cantidad para favorecernos sin embargo no confiamos en Él. Duele mucho ver a los jóvenes soportando. Nunca se alegrará de ver a jóvenes atormentados, necesitados o debilitados.

La Biblia dice: *"No temáis, manada pequeña, porque a vuestro Padre le ha placido daros el reino".* (Lucas 12:32 KJV) El problema que la gente tiene es no confiar en Dios. Ellos no pueden ver a Dios y no pueden escucharlo. Para que yo pueda ver las cosas aparecer, necesito pasearme por la confianza, necesito confiar en que Dios es precisamente quien Él dijo que es. Cada vez que lo considero, lloro a la luz del hecho de que mi Dios está vivo. No es pasajero como algunos creen.

La palabra de Yahweh nos ayuda a darnos cuenta de que lo más importante de nosotros es su confianza. Puesto que eso es válido, nada es más vital que sostener y practicar y desarrollar tu confianza.

La confianza conduce a una cierta mentalidad hacia Dios. La confianza insta a nuestra psique a sostener el espíritu de Dios para que actúe en nuestras vidas. La confianza resulta ser más que una aprobación mental, ya que se desarrolla en un compromiso de confiar en Yah, así como de incluirlo en nuestras vidas.

La Palabra de Dios nos garantiza que los justos vivirán por la confianza y se pasearán por la fe, no por la vista. Cuando nos disculpamos por nuestras malas acciones y comenzamos a vivir vidas devotas guiadas por Jesucristo, el cambio comienza a tener lugar. Cuando descubras esto por ti mismo, estarás angustiado contigo mismo. Te preguntarás por qué no lo descubrí antes.

Esta es la mejor relación de parentesco que he tenido. Adoro al Señor y le estoy sumamente agradecida. No estaría aquí si no fuera porque el Señor está de mi lado. No sé dónde podría estar. No dejes que nada te impida volver a Dios y permanecer con Él. Tienes todo lo que necesitas en este libro. Simplemente necesito que Dios libere tu aversión por Él. Tienes un gran número de bendiciones y aumento al regresar a tu glorioso Padre. Tu vida con Él no ha terminado.

Ponemos nuestra confianza en todo antes de creer a nuestro Hacedor. Confiamos en el GPS, un aparato cien por cien artificial que puede averiarse, cometer errores y guiarnos mal. Sin embargo, no creemos a Aquel que hizo al hombre, y no creemos a Aquel que dio al hombre la capacidad de hacer el GPS. El GPS sólo puede dar el punto más lejano que le pedimos, pero nuestro Padre eminente no está limitado.

Ten presente dejar que la confianza asuma un papel esencial en tu paseo con Dios, en tu regreso a la amistad.

5

Negación de Sí Mismo

El significado de abstenerse en nuestro caminar con Dios significa restringir o constreñir los propios anhelos o deseos que son incompatibles con la voluntad de Dios. Lucharemos contra nuestras propias voces que nos hacen saber lo contrario de lo que debemos hacer. Puedes suplantar estas voces con la Palabra de Dios. Cuanto más lo hagas menos vendrán.

Pablo dijo algo muy interesante en Romanos 7:15-20 (KJV): *Porque lo que hago, no lo consiento; pues lo que quiero, no lo hago; mas lo que aborrezco, eso hago. Ahora bien, ya no soy yo quien lo hace, sino el pecado que mora en mí. Porque yo sé que en mí (es decir, en mi carne) no mora el bien; porque el querer está en mí, pero no sé cómo hacer el bien. Porque no hago el bien que quiero, sino el mal que no quiero. Y si hago lo que no quiero, ya no lo hago yo, sino el pecado que mora en mí.*

Debes saber que cuando necesitas decir sí o no a los deseos de tu cuerpo y comprendas que cuando dices sí o no, estás entrenando a tu cuerpo. Todo lo que nuestro Padre quiere es que le demos Su lugar en nuestra vida. Es por eso que Él nos está llamando de nuevo a la amistad.

Romanos 12:1-2 (KJV) nos dice que debemos presentar nuestros cuerpos como sacrificios vivos: *Os ruego, pues, hermanos, por las misericordias de Dios, que presentéis vuestros cuerpos en sacrificio vivo. Y no os conforméis a este siglo, sino transformaos por medio de la renovación de vuestro entendimiento, para que comprobéis cuál sea la buena voluntad de Dios, agradable y perfecta.* (énfasis añadido)

¿Te has preguntado alguna vez qué significa entregar tu cuerpo como sacrificio vivo? ¿Cómo se supone que te conviertas en un sacrificio vivo? No se trata de un sacrificio que pone fin a nuestras vidas, sino que requiere que sigamos viviendo. Pero, ¿qué significa ser un sacrificio vivo? ¿Cómo puede una persona seguir viviendo, incluso como sacrificio?

Una definición de sacrificio es la entrega o destrucción de algo preciado o deseable en aras de algo que se considera más valioso.

Esta definición se asemeja a lo que Pablo tenía en mente. Un sacrificio vivo requiere la entrega total de lo que todos honramos, nuestros cuerpos, por algo que tiene un propósito más elevado - adorar al Dios que nos dio la vida para empezar. Este sacrificio es uno vivo, no uno muerto. Presentar nuestros cuerpos no implica alguna muerte física o castigo corporal. ¿Pero qué significa?

Romanos 6:19 (KJV): *Hablo como hombre, a causa de la debilidad de vuestra carne; pues así como entregasteis vuestros miembros a la inmundicia y a la iniquidad para iniquidad, así ahora entregad vuestros miembros a la justicia para santidad.*

¿Entendiste que has estado poniendo tu cuerpo como sacrificio desde el principio? Sí, nosotros como un todo lo hacemos durante toda la vida. Mucha gente está poniendo partes de su cuerpo en subyugación a la contaminación y al mal. Actualmente, no son conscientes de ello, pero es lo que vemos a nuestro alrededor.

Por ejemplo, cuando los individuos dejan que sus pies vayan a donde los lleve el pecado--- a los lugares equivocados--- sus pies son esclavos de influencias contaminantes y del mal. Cuando sus lenguas hablan palabras que hieren y causan maldad, cuando sus manos para hacer cosas que no satisfacen a Dios, cuando sus ojos y oídos ven y oyen el desperdicio de este mundo, ellos han entregado estas partes de sus cuerpos a la maldad.

Algunas personas entregan sus cuerpos a cosas sin sentido e inmateriales. Aunque no se les llame diabólicos, sus manos y pies, ojos y oídos, lenguas y corazones son abandonados a ejercicios tediosos que son muy poco importantes. En cualquier caso, como vástago de Dios, tienes la oportunidad de ofrecer tu cuerpo como penitencia viva para transmitir magnificencia a Jesús. En lugar de utilizar tu cuerpo como parte de demostraciones de maldad y maldad, puedes ofrecer alguna porción de tu cuerpo a Dios y hacer que Su energía sin fin trabaje a través de tu cuerpo. En ese momento, tus manos y ojos y pies y lengua y todas las demás partes de tu cuerpo vivirán para Dios en lugar de ser solapadas y en contra de Dios. Además, esta ofrenda promoverá la celestialidad en tu vida. Usar tu cuerpo como una penitencia viviente es más un beneficio que una batalla. De nuevo, va acompañado de la abnegación.

Date cuenta de que Dios, nuestro maravilloso Padre, no requiere más extravíos. Hacer de Él una simple porción de mi existencia diaria regular. Levantarse por la mañana pensando en Él y acostarse reflexionando sobre Él. Haz que Su bendita alma esté tan presente en mi vida. Generalmente hago del Espíritu Santo una parte de mi existencia diaria regular.

Al principio, la negación parecía una locura. Sin embargo, como dice en Romanos 12:1, debemos habitar nuestro cuerpo y renunciar a algo importante por algo mejor. ¿Te das cuenta de lo que significa tener una tranquilidad que sobrepasa todo entendimiento humano? Algo que el mundo no sabe ofrecer es el amor que es alegría sin límites, ágape, e indecible y para siempre. Puedes descubrir todo esto en la comunión de nuestro Padre que nos ama y cuida.

Hay tantas cosas que me encantaría contarte sobre mi papá... cosas que él me enseñó. A veces tengo la inclinación de que estemos solo Él y yo en este planeta. Le adoro tanto que no voy a hablar de ello ahora, sino hacia el final de este libro. Necesito componer una carta de afecto a mi Papi para que todos la lean y caigan en adoración hacia Él.

En este momento ofrécete al Señor, a tu Papá, y deja que Él haga un disparo en tu corazón. Pasea en la luz ya que es precisamente allí donde oyes esa delicada voz de Dios que se dirige a ti. Recuerda el Alma

Celestial que mora en ti. Cualquiera que lea este libro sentirá adoración por el Padre y necesitará vivir para Él. Necesito que te motives por algo que pueda haber dicho, y Dios obtendrá la gloria de ello.

Imagina que tienes un gran reporte mientras trabajas en todo lo dicho en este libro. Utiliza esta escritura para aclarar tu mente.

> **Filipenses 4:8 (NIV):** *Por lo demás, hermanos, todo lo que es verdadero, todo lo que es noble, todo lo que es justo, todo lo que es puro, todo lo que es amable, todo lo que es digno de admiración, si hay algo excelente o digno de alabanza, en esto pensad.*

Es imperativo para nosotros que no nos permitamos escuchar a todo el mundo y leer toda clase de libros y pensar que estaremos listos para hacer lo que dice el Texto Sagrado. Consideremos las cosas que tienen un gran informe. No podemos juntarnos con individuos que simplemente no aman al Señor. Jesús nos aprecia hasta tal punto que quiere que volvamos a la amistad.

6

El Resultado del Regreso

Después de mi operación a corazón abierto de bypass cuádruple, Dios puso en mi espíritu escribir este libro porque me asombró ver cómo Dios me alertaba de lo que me pasaba después de una oración, en la que le pedí a Dios que me diera veinte años más de los que ya me iba a dar. Dios me hizo ver a un cardiólogo, Él sabía que yo estaba al borde de tener un infarto masivo; mis cuatro arterias estaban bloqueadas. Nunca lo hubiera sabido. Ni siquiera pensaba que tenía problemas de corazón.

Pero Dios, nuestro Dios omnisciente, que tenemos nos ama tanto. Lloré mucho. Me emocioné mucho al salir de la operación. Sentí que no merecía todo ese amor, atención y cuidado. Dios me hizo saber la advertencia y la información y mi cooperación no podía suceder. Si no hubiera habido una relación de amistad no habría podido aprender la lección, no habría podido reconocer su voz. La Biblia nos dice en Juan 10:27-28: *Mis ovejas oyen mi voz, y yo las conozco, y me siguen: Y yo les doy vida eterna, y no perecerán jamás, ni nadie las arrebatará de mi mano Ni siquiera la muerte puede arrancarte de su mano.*

Jesús dijo en Juan 15:15: *"Ya no os llamo siervos, porque el siervo no conoce los negocios de su señor. En cambio, os he llamado amigos, porque todo lo que aprendí de mi Padre os lo he dado a conocer".*

Creo entender por qué Dios nos llama de nuevo a la amistad. Cuando miras a tu alrededor, parece que la gente realmente no tiene ningún carácter de Dios. Vas a algunas iglesias y ni siquiera te sientes cerca de gente piadosa. Aun tienes que tener mucho cuidado de no chocar con alguien porque la persona parece que esta lista para pelear. No hay características piadosas en nosotros; nos parecemos y nos comportamos tanto como el mundo. Te prometo que si retomas tu amistad con Dios y pasas tiempo con Él todos los días, empezarás a ver cómo cambias.

Hay beneficio en tener una relación con nuestro Padre. El enemigo hará todo lo que pueda para mantenernos alejados y tener esa cercanía con nuestro Padre porque sabe que perderá terreno en nuestras vidas. Piensa en las muchas veces que tomaste la Biblia con la mejor intención de leerla y lo siguiente que sabes es que te quedaste dormido con la Biblia en la mano. Él sabe que tu mayor beneficio está en leer la Palabra de Dios porque Dios nos habla a través de Su Palabra. Recibimos dirección de Su Palabra, revelación de Su Palabra. Sentimos esa comunión de Su Palabra. Aprendemos y llegamos a conocerlo a través de Su Palabra.

Comprométete a leer la Palabra todos los días y ora antes de leerla. El Espíritu Santo realmente abrirá tu deseo de leer más y te dará el entendimiento y la revelación de la Palabra de Dios. Conoce más a tu Padre celestial. Vas a empezar a sentir aversión por cosas en tu vida que sabes que Dios desaprueba. Entre más tiempo pases leyendo la Palabra, te prometo que cambiaras. Recuerda, hablé de la abnegación y el sacrificio. Habrá tiempo que solo tendrás que decir, "No" y mantenerte firme en contra de cualquier distracción, gente, trabajo, y cosas. Amigo mío, todo lo que quieres está en Dios. La Biblia dice en el Salmo 16:11 (NKJV), *"Tú me mostrarás el camino de la vida; En tu presencia hay plenitud de gozo; A tu diestra hay placeres para siempre"*.

El gozo que obtenemos de estar en la presencia de Dios no es temporal sino que es para siempre. Servimos a un Dios maravilloso. Amo al Señor. No cambiaría esto por nada, ni por un millón de dólares. Las revelaciones, experiencias, mi salvación y tener la guía y el consuelo del Espíritu Santo no tienen precio. Vivimos en tal peligro hoy. Es como si necesitaras más de dos ojos--necesitas dos en el frente, dos en la espalda, y dos a cada lado de tu cabeza para un total de ocho ojos para que seas capaz de ver todos los lados. Pero con Dios, solo necesitas los dos que Él te dio porque tu principal preocupación es mantener tus ojos en Él.

El Resultado del Regreso

Él te protegerá y te dirigirá a donde ir. Él tiene tu espalda. Mira todas las escrituras que Él nos dio para vivir y seguir, para instruirnos en nuestras vidas y guiarnos a ti y a mí. Necesitamos al Señor hoy. No hay temor ni respeto por la vida humana. Necesitamos dirección cada mañana antes de salir de nuestra casa. Dios le dará a los ángeles cargo sobre tu vida para guardarte de cualquier cosa que el enemigo trate de traerte.

Aquí están algunas de las escrituras que puedes utilizar:

Salmo 91:11-1 (NKJV): Porque a sus ángeles mandará acerca de ti, que te guarden en todos tus caminos. En sus manos te sostendrán, para que no tropieces con tu pie en piedra.

Proverbios 3:5-6 (NKJV): Confía en el Señor de todo corazón y no te apoyes en tu propia prudencia; sométete a él en todos tus caminos, y él enderezará tus sendas.

Proverbios 3:5 (KJV): Confía en el Señor con todo tu corazón, y no te apoyes en tu propia prudencia.

Juan 16:13 (KJV): Pero cuando venga el Espíritu de verdad, él os guiará a toda la verdad; porque no hablará por su propia cuenta, sino que hablará todo lo que oyere, y os hará saber las cosas que habrán de venir.

Salmo 32:8 (KJV) Te guiaré con mi ojo.

Mateo 7:7 (KJV): Pedid, y se os dará; buscad, y hallaréis; llamad, y se os abrirá.

Salmos 119:105 (KJV): Lámpara es a mis pies tu palabra, y lumbrera a mi camino.

Isaías 30:21 (KJV): Y tus oídos oirán a tus espaldas palabra que diga: Este es el camino; andad por él, cuando os apartéis a la derecha, y cuando os apartéis a la izquierda.

Santiago 1:5-6 (KJV): Si alguno de vosotros tiene falta de sabiduría, pídala a Dios, el cual da a todos abundantemente y no reprende, y le será dada.

Salmos 25:4 (KJV): Muéstrame, oh Jehová, tus caminos; enséñame tus sendas.

Salmos 37:23 (KJV): Los pasos del hombre bueno son ordenados por el Señor; y él se deleita en su camino.

Juan 14:26 (KJV): Pero el Consolador, [que es] el Espíritu Santo, a quien el Padre enviará en mi nombre, él os enseñará todas las cosas, y os recordará todo lo que yo os he dicho.

1 Juan 4:1 (KJV): Amados, no creáis a todo espíritu, sino probad los espíritus si son de Dios; porque muchos falsos profetas han salido por el mundo.

También quiero hablarles acerca de buscar a Dios. Fijen tiempo para orar. Te prometo que tu vida de oración es un arma poderosa contra el enemigo. Estos son todos los beneficios que tienes al volver a la amistad. Nunca te equivocarás al leer historias en la Biblia de personas que van a la batalla. Cada vez que estamos en una batalla con algo o alguien, debemos orar y buscar a Dios leyendo las escrituras y ayunando. Eso te preparará para la guerra.

La Biblia habla de un lugar secreto en Mateo 6:6 (KJV): *Mas tú, cuando ores, entra en tu aposento, y cerrada la puerta, ora a tu Padre que está en secreto; y tu Padre que ve en lo secreto te recompensará en público.*

Cuando Jesús habla de entrar en un recinto de oración para buscar al Padre, está buscando algo mucho más supremo que un armario. El Antiguo Testamento nos deja saber que Dios separó a Su parentela en dos clasificaciones: ¡los individuos que me buscaron y los individuos que no me buscaron! Y Dios clasifica a los individuos hoy también: los individuos que frecuentemente lo buscan en su armario de oración y los individuos que no lo hacen.

Cuando Dios estaba furioso con Israel por su falta de admiración en el culto, Moisés estableció su refugio portátil de peticiones fuera del campamento. La Sagrada Escritura dice que un tiempo después *"sucedió que todos los que buscaban al Señor salían al santuario de la asamblea, que estaba fuera del campamento"* (Éxodo 33:7). En medio de toda la admiración desmedida que ocurría en Israel, ¡todavía quedaba pueblo de Dios que requería de mucha energía y empuje para buscar al Señor con todo lo que había en ellos!

Este buscar por resto surgió de entre los millones excesivos en Israel. Sabían que tenían que salir del campamento por miedo a caer también ellos en el rechazo de Dios que se extendía por toda la población.

Cientos de años después del hecho, la población general bajo el rey Asa comprendió por qué Dios los favoreció y prosperó y se mantuvieron contentos con cada uno de sus adversarios.

2 Crónicas 14:7 (KJV): *"Porque hemos buscado al Señor o Dios, lo hemos buscado, y él nos ha dado descanso por todas partes. Así construyeron y prosperaron.*

En un momento durante el reinado de Asa, un ejército de un millón de etíopes vino contra Israel. *"Y clamó Asa a Jehová su Dios, y dijo: Señor, tú eres nuestro Dios; no prevalezca varón contra ti. Entonces el Señor hirió a los etíopes delante de Asa y los etíopes huyeron. Fueron destruidos delante del Señor"* (2 Crónicas 14:11-13).

Cuando Asa fue atacado, se postró sobre su rostro y se volvió a Dios en oración... ¡y Dios respondió con la victoria!

Poco después de ese triunfo, sin embargo, el profeta Azarías vino a Asa y le dijo: *"El Señor está contigo, mientras tú estés con él; y si lo buscas, él será hallado por ti; pero si lo abandonas, él te abandonará"* (2 Crónicas 15:2). En otras palabras, Azarías dijo que si dejas de buscar a Dios, si dejas de anhelarlo y de invocar Su nombre en todo lo que haces, Él te abandonará. Azarías sabía que debido a la gran liberación de Dios, el rey se sentiría tentado a ser orgulloso y volverse a la carne. De hecho, cada vez que Israel buscó al Señor después de esa victoria, Dios los bendijo. *"Pero cuando [Israel en su angustia se volvió] a Jehová Dios de Israel y lo buscaron, él fue hallado de ellos".* (2 Crónicas 15:4 KJV)

El pueblo sabía dónde se encontraba su poder y su victoria: en dedicar tiempo y buscar a Dios de todo corazón.

2 Crónicas 15:12, 15 (NKJV)): *Entonces hicieron pacto de buscar al Señor, el Dios de sus padres, con todo su corazón y con toda su alma. Porque lo habían jurado de todo corazón y lo habían buscado con todo su deseo, y fue hallado de ellos, y Jehová les dio reposo en derredor.*

¡Israel disfrutó del descanso cuando buscó a Dios en oración! Eso no significa que no tuvieran problemas. Pero porque se postraron sobre sus rostros y clamaron a Dios, volviéndose a Él en total dependencia, Él siempre los libró y les dio la orden y la fuerza.

Está escrito del rey Uzías: *"Mientras buscó al Señor, Dios lo hizo prosperar. Y su nombre se extendió por todas partes; porque fue ayudado maravillosamente, hasta que se hizo fuerte".* (2 Crónicas 26:5, 15 NKJV)

Debido a que Uzías buscó a Dios, el Señor lo fortaleció y puso orden en su reino. Pero en su prosperidad, este rey dejó de buscar a Dios. El orgullo se apoderó de él y su corazón se enalteció. Uzías se volvió al brazo de la carne y terminó leproso, muriendo avergonzado. Jeremías profetizó que todos los pastores que se negaran a buscar a Dios en oración fracasarían del mismo modo: *Porque los pastores se han embrutecido, y no han buscado al Señor; por tanto, no prosperarán, y todos sus rebaños se dispersarán. (Jeremías 10:21)*

De esta historia de Uzías, puedes ver las ventajas y lo terrible de nuestro Papá, de tener un compañerismo con nuestro Creador. Por favor, no leas este libro y no regreses a tu primer Amor. Recuerda cuando te ofreciste por primera vez al Señor y cuán ansioso estabas por conocerlo y ser conocido por Él. Generalmente necesitabas leer la Palabra. Todo lo que no agradaba a Dios, lo evitabas. Estabas muy consciente de cualquier cosa que pudiera influenciar tu asociación con el Padre. Sabías que no conocías a Dios y que te faltaba algo. Sabías que las piezas del rompecabezas no encajaban.

Estoy aquí para hacerte saber que necesitas a este Amigo del que he estado hablando. Si ves que hay un vacío o un vacío y has estado tratando de llenarlo con otras cosas --- hombres, mujeres, ir de compras, trabajar, comer, beber, usar drogas, aislarte de la gente porque crees que nadie te entiende y a nadie le importas--- que sepas que hay Alguien que realmente se preocupa por ti. Él dio Su vida por ti.

Si, Jesús dio Su Vida por ti y por mí. Él te ama tanto que ni siquiera tu pecado pudo evitar que Él muriera por ti. La Biblia dice: *"Pero Dios demuestra su amor por nosotros en esto: Siendo aún pecadores, Cristo murió por nosotros".* (Romanos 5:8 NKJV)

Por favor, si algo de lo que he dicho te describe, por favor no ignores estas palabras. Este podría ser el fin de tu dolor y búsqueda. Solo repite estas palabras*: Que si confesares con tu boca que Jesús es el Señor, y creyeres en tu corazón que Dios le levantó de los muertos, serás salvo. Porque con el corazón se cree para justicia, pero con la boca se confiesa para salvación.* (Romanos 10:9-10 KJV)

Solo cree esto con convicción y pídele a Dios que por favor te perdone todos tus pecados y Él lo hará. Nunca te arrepentirás del día en que dijo estas palabras. Todo esto se hace por fe. No dejes que nadie te convenza de lo que acabas de hacer. Relaté todas estas historias porque quiero que sepamos el peligro de estar fuera de la comunión con el Señor. Hay tantas personas que no les importa ni respetan la vida humana. No podemos darnos el lujo de estar en relación con nuestro Padre celestial. Vuelve a la amistad. Él te echa de menos.

7

El Peligro de estar Lejos

Leí en la Biblia que cuando el pueblo israelita pecaba en el campamento, se aseguraban de deshacerse del pecado o del pecador, porque sabían que la presencia de Dios no podía estar con ellos. Serían derrotados o vivirían sin la presencia de Dios. Mira esta historia aquí.

Entonces Josué dijo a Acán: "Hijo mío, da gloria al Señor, el Dios de Israel, y hónralo. Dime lo que has hecho; no me lo ocultes". Acán respondió: "¡Es verdad! He pecado contra el Señor, el Dios de Israel. Esto es lo que he hecho. Cuando vi en el botín un hermoso manto de Babilonia, doscientos siclos de plata y un lingote de oro que pesaba cincuenta siclos, los codicié y los tomé. Están escondidos en el suelo dentro de mi tienda, con la plata debajo". Entonces Josué envió mensajeros, y ellos corrieron a la tienda, y allí estaban, escondidas en su tienda, con la plata debajo. Sacaron las cosas de la tienda, se las llevaron a Josué y a todos los israelitas y las extendieron ante el Señor.

Entonces Josué, junto con todo Israel, llevó a Acán hijo de Zéraj, la plata, el manto, el lingote de oro, sus hijos e hijas, su ganado, burros y ovejas, su tienda y todo lo que tenía, al valle de Acor. Josué le dijo: "¿Por qué nos has traído este problema? El Señor te traerá problemas hoy".

> *Entonces todo Israel lo apedreó, y después de apedrear a los demás, los quemaron. Sobre Acán amontonaron un gran montón de piedras, que permanece hasta el día de hoy. Entonces el SEÑOR se apartó de su feroz ira. Desde entonces, aquel lugar se llama el Valle de Ancla.* (Josué 7:19-26 NIV)

La presencia de Dios era importante para el pueblo israelita. A Acor no le importaba nadie más que él mismo. Mira lo que permitió que ocupara el lugar de sus amigos. Mira cómo trató su seguridad y la de los demás en el campamento, sólo por un hermoso manto de Babilonia, doscientos siclos de plata y un lingote de oro que pesaba cincuenta siclos. Josué sabía que tenía que matarlo. No podía quedarse porque permitía que otras personas vivieran en peligro. Sabía que no podían ir a la guerra sin la presencia de Dios y que los filisteos los habrían derrotado.

Y Acán sabía muy bien que, sin la presencia de Dios, los israelitas no se moverían. La presencia de Dios significaba seguridad, provisión, protección, fuerza y dirección. Era necesario que supieran cómo emboscar al enemigo. La presencia de Dios significaba planes estratégicos por venir. La presencia de Dios era importante porque necesitaban escuchar y seguir muy bien las instrucciones.

Cada vez que leo esta historia del Antiguo Testamento, pienso en nosotros hoy y me pregunto cómo la gente puede moverse como si Dios no existiera. Hoy en día, vivimos en una situación muy peligrosa. La gente entra en las casas de los demás y los mata, entra en los centros comerciales y mata a la gente por el mero placer de matar. Un padre está matando a su esposa y a la madre de sus hijos. Las madres matan a sus hijos. Cada vez que escuchas las noticias alguien ha disparado y matado a alguien. Cada día la gente muere como moscas.

¿Qué es la seguridad y dónde está? Cuando sales de casa, no sabes si volverás. Aparcas el coche al salir del trabajo y te enteras más tarde de que alguien ha entrado en tu coche. Hay gente que viola a mujeres y adolescentes. ¿Sabes que el Espíritu Santo y el ángel del Señor nos guardarán y nos mostrarán el peligro? El no permitirá que nos alcance por sorpresa esta es la Palabra de Dios.

Salmo 91:10-12 (KJV): *No te sobrevendrá mal, ni plaga se acercará a tu morada. Porque a sus ángeles mandará acerca de ti, que te guarden en todos tus caminos. En sus manos te sostendrán, para que tu pie no tropiece en piedra.*

Debes saber que en Él hay seguridad. ¿Sabes de cuántos peligros me sacó mi padre una y otra vez? Realmente necesitamos al Señor hoy más que nunca. Es tan malo que casi no hay nadie en quien confiar, ni el gobierno, ni nuestros líderes pastorales. Lo único que les importa es el dinero. No somos más que una máquina de dinero para su lujo. Dios no le dijo a la gente que construyera estas mega-iglesias. Todo lo que querían era un lugar que pudieran llenar y usar la Palabra de Dios para manipular a la gente. Que Dios tenga misericordia de ellos y de sus familias. Somos abusados de tantas maneras cuando no tenemos una amistad donde puedas comunicarle cualquier cosa a Dios. La Biblia dice que en el último día la gente se hará amadora de sí misma en vez de amar a Dios (2 Timoteo 3:2).

Estamos viviendo en ese tiempo, hay peligro de estar lejos de tu Padre celestial. Vuelve al Padre. Él te llama. No dejes que el diablo te engañe y te haga caer en su trampa. Recuerda, él no solo está tratando de atraparte a ti, sino también a la generación que vendrá después de ti. No te dejes a ti mismo y a tus hijos expuestos o sin cobertura porque estas engañado por sus artimañas.

Vuelve y ríndete a Jesús. Él dio Su vida para que nosotros tengamos el privilegio de usar Su nombre. Hay mucho que perder, pero mucho que ganar. Cuando Dios me dijo que escribiera este libro, *Vuelve a la Amistad*, le pregunté al Señor qué quería que dijera y me dijo: "Ponme en exhibición y deja que la gente sepa lo que pasó con tu cirugía de corazón. Quiero que dejes que otros sepan lo que sucede cuando hay una amistad entre Yo y mis hijos, cómo Me hago real para ellos y Me revelo en cada área de su vida." Cuando escuché "ponme en exhibición", miré hacia arriba y vi un estante y entonces Él comenzó a dar tantos títulos de libros.

Dios nos creó estando en una relación. Él usa la relación matrimonial para realmente hacernos entender lo que una relación realmente significa. Siempre que ves un mal matrimonio no hay buena comunicación entre los esposos, no hay entendimiento, no hay amor verdadero, no hay respeto. El deseo del uno por el otro es frío; no hay pasión en el matrimonio. Cuando la relación llega a ese punto entonces viene el adulterio, la separación y el divorcio. A veces los cónyuges ni siquiera saben que estos sentimientos se están colando.

¿Ves el parecido en nuestra relación con Dios? Cuando no oramos, no leemos nuestra Biblia, y no vamos a la iglesia nuestro apetito por las cosas de Dios desaparece. Nuestros oídos se entorpecen, nuestro corazón se vuelve insensible y se desliza la recaída; nuestras vidas se vuelven ingobernables. No olvides nunca que Yah es un Dios misericordioso y un Dios amoroso, pero es un Dios muy celoso que castiga la maldad humana. Como resultado, nuestro descuido nos lleva a la decadencia espiritual y a Su juicio. Él no se impondrá a nadie, ni permitirá que nuestros caminos sean pasados por alto. A medida que pasamos por la vida, las situaciones que ocurren nos hacen arrepentirnos y ver lo que hemos pasado por alto. Eso es lo que ocurre en el matrimonio. El hombre o la mujer abandonan el hogar y a veces viven con otra persona. Entonces lloran y recuerdan los tiempos con su antiguo cónyuge y anhelan volver para empezar de nuevo.

Por desgracia, a veces puede ser demasiado tarde. Sin embargo, con Dios nunca es demasiado tarde, porque Él ama mucho.

La Biblia dice:

¿Qué diremos de cosas tan maravillosas como éstas? Si Dios está por nosotros, ¿quién podrá estar contra nosotros? Puesto que no escatimó ni a su propio Hijo, sino que lo entregó por todos nosotros,

¿no nos dará también todo lo demás? ¿Quién se atreve a acusarnos a quienes Dios ha elegido para los suyos? Nadie, porque Dios mismo nos ha dado la razón. ¿Quién, pues, nos condenará? Nadie, porque Cristo Jesús murió por nosotros, resucitó por nosotros y está sentado en el lugar de honor, a la derecha de Dios, abogando por nosotros. ¿Puede algo separarnos del amor de Cristo? ¿Significa eso que ya no nos ama si tenemos problemas o calamidades, o somos perseguidos, o pasamos hambre, o estamos desamparados, o en peligro, o amenazados de muerte? (Como dicen las Escrituras: «Por tu causa nos matan cada día; nos degüellan como a ovejas»). No, a pesar de todas estas cosas, la victoria abrumadora es nuestra por medio de Cristo, que nos amó.

Y estoy convencido de que nada podrá separarnos jamás del amor de Dios. Ni la muerte ni la vida, ni los ángeles ni los demonios, ni nuestros temores por hoy ni nuestras preocupaciones por mañana, ni siquiera los poderes del infierno pueden separarnos del amor de Dios. No hay poder arriba en el cielo ni abajo en la tierra, ni nada en toda la creación que pueda separarnos del amor de Dios que se manifiesta en Cristo Jesús, Señor nuestro. (Romanos 8:31-39 NLT).

Fíjate en este amor que Dios nos tiene. Él no nos dejará, y Él no nos forzará. Él nos da a elegir. Hoy, nuestro Padre nos dice que volvamos a nuestro Primer Amor, que regresemos. Nos enfrentamos a tantos peligros sin la presencia de Dios. ¿Qué hará que queramos estar sin la presencia del Señor? Una de las cosas que ganas cuando pasas más tiempo con Dios es que tu pensamiento se vuelve mejor. Me siento mejor con los demás. Dios está trabajando en nuestros corazones y es importante que Dios trabaje en nuestros corazones. La Biblia dice en Proverbios 4:23 (NKJV): *Guarda tu corazón con toda diligencia, porque de él manan las cuestiones de la vida.*

Cuando ves todo este crimen y gente actuando tan violentamente y tanta maldad presente es porque la Palabra de Dios y la relación faltan en la vida de la gente. La Palabra dice que del corazón brotan los asuntos de la vida. No estamos pensando y meditando en cosas positivas. ¿Qué hay ahí fuera que sea positivo para que lo escuchemos? Nada. La única esperanza que tenemos está en nuestra relación amistosa con nuestro Señor y Salvador Jesucristo.

8

¿A Quién Afecta esta Amistad?

Cuando era jovencita, siempre recordaba haber oído decir a mi padre: "Dejo el camino despejado a mis hijos", pero nunca entendí lo que decía hasta que me salvé.

Con el paso de los años, entendí que la bendición que tenemos hoy es el camino despejado del que hablaba mi padre. Ahora que lo entiendo, cada día me enamoro del Señor con sólo pensar en todo lo que Dios preparó para nosotros, como Él dijo, antes de la fundación del mundo. (Ver Efesios 1:4)

También entiendo que mi padre sabía que su relación con el Señor no sólo lo iba a bendecir a él, sino también a su generación venidera.

Hoy tengo mi doctorado en Divinidad y estoy ordenado como pastor. Mi hermana, Beverly, es abogada y ama al Señor. Mi hermano, Alfredo, es sastre y ahora trabaja en la Embajada de Panamá. Orlando se graduó en ciencias físicas y ahora tiene su propio negocio; hace los maniquíes de estilo para una gran tienda en Panamá. Mi hermana, Ruth, es contadora. Mi padre murió. Le echo mucho de menos.

¿Cuántas personas pagan las consecuencias de nuestras decisiones: nuestros hijos, o nuestros nietos, nuestros bisnietos? Hoy, mi hijo es diácono. Tengo cinco nietos Dios ya ha jalado a uno de mis nietos---que corazón tiene para Dios. Mi otro hijo es sargento instructor del Cuerpo de Marines de los Estados Unidos. Mi hija, mi princesa, fue llamada por Dios desde mi vientre. Ella es evangelista. Dios la bendijo con una hermosa voz.

Ves la fidelidad de la relación de amistad con Dios no paró con mi padre, pero continúa conmigo y mis hijos y los hijos de mis hijos.

Nos afecta esta amistad. Hoy, el legado de mi padre de su relación con Dios vive a través de nosotros y mi legado continuará a través de mis hijos y bisnietos. Hoy, puedo mirar a una familia y saber que no tienen esa amistad con su Creador. Puedes ver a los hijos siendo tan irrespetuosos a los ojos de los padres. Ellos están cargando ese peso por sí mismos porque no se dan cuenta que no se supone que sea así. Dios quería algo mejor para nosotros cuando murió en esa cruz.

Por el bien de tu próxima generación, tu semilla, ellos necesitan verte caminar y hablar con el Creador y establecer esta relación con el Creador. De lo contrario, su semilla morirá sin experimentar esta gran relación amistosa con su Creador. Ellos se perderán de mucho. Entiende que en el Antiguo Testamento Dios siempre alentaba y aconsejaba al pueblo judío que enseñara a sus hijos acerca de su Dios. Había monumentos establecidos como recordatorios para los niños. Cuando crecían y sus hijos preguntaban por los monumentos, podían contarles la historia y presentarles a su Dios (Josué 4:9, Génesis 22:14, Éxodo 13:8).

Tanto el marido como la mujer se ven afectados por la relación del otro con Dios. Siempre he creído que antes de que alguien pueda convertirse en un gran esposo, primero debe experimentar el amor de Dios. Una vez que una persona experimenta el amor de Dios, responderá a ese amor enamorándose de Él. Pero esto solo puede suceder en la amistad. Donde uno se vuelve más cercano, es justo donde uno está destinado a estar.

Dios comienza a cambiarnos y a ministrarnos y nosotros comenzamos a quebrantarnos. Es entonces cuando comienza la transformación. Conoce tu comienzo a ser más tranquilo y más sumiso. Serás más paciente con tu cónyuge. Estarás más atento a tu familia. Ahora la casa que era una zona de guerra se convierte en un hogar de oración con la paz de Dios fluyendo a través de ella. Empiezas a sentirte útil. Dejas de levantarte gruñón. Ahora entiendes que tienes un propósito y empiezas a orar para que Dios te use.

También afectamos a nuestro lugar de trabajo. Cada día que vas al trabajo y te quejas de tu trabajo y hablas de tu compañero, pierdes de vista el dar gracias a Dios por tu trabajo. Permites que el enemigo te ciegue. Todo lo que ves es lo malo en todo. No ves lo positivo en nadie ni en nada. Te quedas en el trabajo y lo intentas, pero nunca consigues el ascenso al otro puesto porque tu actitud es desagradable, y tu jefe ni siquiera se fija en ti. El favor de Dios no está en ti. La Palabra de Dios dice en el Salmo 84:11 (NKJV): *Porque sol y escudo es Jehová Dios; Gracia y gloria dará Jehová; No negará cosa buena a los que andan en integridad.*

Ni siquiera entiendes que Dios te proporcionó el trabajo para pagar tus facturas y mantener un techo sobre tu cabeza. Este es el truco del enemigo. Cuando nos alejamos de una relación con Dios, dejamos ir esa amistad con nuestro Padre celestial y abrimos la puerta para que muchas otras cosas, en su mayoría negativas, entren en nuestra vida.

Nuestro propósito es una de las cosas afectadas por nuestra relación con Dios. Si tu vida no tiene propósito, si no tiene visión, entonces no puedes captar la visión que nuestro Padre tiene para tu vida. Nuestra conexión directa es Jesús, y nuestra conexión inalámbrica es el Espíritu Santo.

Cuando Dios hizo al hombre y a la mujer y estableció esa relación, ese propósito. Él quería que entendiéramos la influencia de la relación. Él quería que supiéramos que por eso Él empezó con Adán y Eva.

La razón por la que el Señor está diciendo, "Vuelve a la amistad" es porque Él sufre cada vez que nos alejamos más y más de Él; Su corazón se rompe cada vez. Él nos ve lastimados y alejándonos cada vez más de nuestro propósito y ese propósito está conectado a tantas otras personas en nuestra vida. Dios dice en Jeremías 29:11 (NIV): *Porque yo sé los planes que tengo para ustedes -declara el Señor-, planes de prosperarles y no de dañarles, planes de darles esperanza y un futuro."*

Proverbios 29:18 (KJV): *Donde no hay visión, el pueblo perece; pero el que guarda la ley, feliz es.*

9

Cómo Cultivar tu Amistad con el Padre Celestial

Debemos comprender que la amistad con Dios es algo que suena abrumador para empezar hasta que te detienes a considerar las sugerencias. Recuerda que estamos buscando ser compañeros de Dios. Debemos comprender que habrá algunas dificultades de renuncia a estos en algún momento.

En estas circunstancias los individuos tienden a salir y ver que la compañerismo con el Señor no es lo que necesitan tener porque sugiere mucha abstinencia. Solo observan a Dios y lo tratan como alguien a quien acuden solo cuando lo requieren.

¿Necesitas ese tipo de compañero? En caso de que quieras tener una amistad individual con Dios, esta sección tiene algunas normas sobre la mejor manera de desarrollar un parentesco con Él. Aceptando el parentesco, Él te ofrece es el camino a cualquier cosa que requieras de Él para estar en un lugar pacifico. El parentesco o la amistad requieren cierta inversión y la amistad con Dios no es un caso especial.

Abraham entendió el significado de la amistad con Dios. Por eso no permitió que nada interfiriera en aquella visita celestial de los ángeles. ¿Cuántas veces Dios ha enviado ángeles a nuestras vidas y, como no tenemos una amistad con él, no entendemos que utilice ángeles en nuestro favor? Puedes levantarte cada mañana sabiendo que Dios quiere ser para ti un amigo más cercano que un hermano. Envió a Jesús a morir por ti para que pudieras ser su amigo.

Cultivar esa amistad requiere tiempo, esfuerzo, deseo y sacrificio. Muchas personas no se toman el tiempo para buscar a Dios de una manera apropiada. Siempre están apurados haciendo cosas que consumen tiempo. La gente necesita sacrificar lo que sea que estén haciendo y buscar a Dios como nunca antes. Necesitan conocerlo a Él y saber quién es Él. Moisés y David tenían el deseo de conocer a Dios de una manera cercana y personal. Abraham estaba dispuesto a ofrecer a su hijo Isaac porque no iba a permitir que nada interfiriera en su amistad con Dios.

"Buscar a Dios" significa tener una relación directa con Él. Esto significa que Dios tiene tu atención individual y tú tienes la Suya. Hebreos 11:6 dice que Dios *"es galardonador de los que le buscan con diligencia"*. ¿Con qué te recompensa? Una buena vida. Demasiadas personas creen en Dios, pero no se preocupan por conocerlo. ¿Por qué? Porque no quieren tomarse el tiempo para buscarlo y perseguirlo con todo su corazón y alma. A Dios hay que buscarlo para encontrarlo.

Conocer a alguien no significa conocer a esa persona. Toma tiempo y esfuerzo---una relación cara a cara. Intimar con alguien y tener compañerismo con esa persona son las claves para llegar a conocer a alguien. Cuando conoces a alguien de una manera cercana y personal, querrás estar con esa persona cada minuto del día. Eventualmente, ¡te pegarás a esa persona como pegamento! Te conviertes en uno con esa persona a partir de esa relación íntima. En poco tiempo, sus vidas se entremezclarán.

Por relación cara a cara con Dios, me refiero a estar tan cerca de Él que casi puedes verlo. Cuando conoces a Dios de esta manera, empezarás a concebir cosas en tu espíritu. Te embargará la visión de que Dios quiere que vivas una buena vida.

Un milagro está dentro de ti y será confirmado con las señales que siguen. Jesús oró en Juan 17:3 (NKJV), *"Y esta es la vida eterna: que te conozcan a Ti, el único Dios verdadero, y a Jesucristo, a quien Tú enviaste."* La vida eterna es una vida buena y viene cuando tu vida esta entrelazada con Dios. Es interesante notar que cuando te entrelazas con Dios, el diablo no te puede destrozar. Te verás como Dios, hablarás como Dios, amarás como Dios, perdonarás como Dios, y caminarás como Dios. Todo esto es parte del plan de Dios para darte una vida recta y tener una amistad donde tengas compañerismo con Dios. Hay cuatro decisiones que puedes tomar que te ayudarán a cultivar una amistad fuerte y vinculante con Dios.

La primera decisión que puedes tomar te hará entender cuán importante es desarrollar tu amistad con Dios y convertirte en un adorador de Dios y alabar a nuestro Señor. En Juan 4:23 (NKJV), Jesús dijo: *"Pero la hora viene, y ahora es, cuando los verdaderos adoradores adorarán al Padre en espíritu y en verdad; porque el Padre busca a tales que le adoren.* ¿Cómo vas a adorar en espíritu y en verdad si ni siquiera tienes una amistad con Dios? Yo creo que Dios ve todo lo que hacemos y oye todo lo que decimos. La gente dirá que tiene una relación con Dios, pero sus acciones dicen otra cosa. Segunda de Crónicas 16:9 (RVA) dice*: "Porque los ojos del Señor corren de un lado a otro por toda la tierra, para mostrarse fuerte a favor de aquellos cuyo corazón le es leal".*

Cuando eres amigo de Dios, Él se revelará fuerte en su vida y esto hará que vivas una buena vida pacífica. Cultiva tu relación con Él. Dile al Señor que no busque más. Dile que estás listo, capaz y dispuesto a ser Su amigo. Dios está buscando a aquellos que sean leales a Él y se conviertan en Sus amigos.

¿Qué crees que pasará cuando Dios encuentre a esa persona? Se acercará aún más a esa persona. La Biblia dice en Santiago 4:8(NKJV) *"Acérquense a Dios y Él se acercará a ustedes".* Dios querrá pasar aún más tiempo contigo día y noche. Dios habita en las alabanzas de Su pueblo (ver Salmo 22:3). La palabra "habitar" significa asentarse, sentarse, morar. Cuando alabas a Dios y te conviertes en Su amigo, Él se sentará y morará contigo.

Enfrentémoslo---a todos les gusta la alabanza. A la gente le gusta la alabanza, a los gatos y perros les gusta la alabanza, y a Dios le gusta la alabanza. Cuando una persona te elogia, tú respondes a esa persona de una manera positiva. Naturalmente quieres bendecir a esa persona y así es Dios. Así que alabar a Dios continuamente es una buena manera de cultivar tu amistad. Él quiere hacer algo bueno por ti.

En momentos de angustia, aléjate de la situación y alaba a Dios para salir de ella. No tienes que memorizar y citar cada versículo de la Biblia referente a la prueba por la que estás pasando. Alaba a Dios por Quien es. Cuando lo hagas, Dios aparecerá y se sentará y morará contigo. Dios siempre está buscando darle algo a alguien en algún lugar. Alabar a Dios te pondrá justo en el centro de lo que sea que Dios esté haciendo. Te pondrá en el lugar secreto del Altísimo, un lugar que promueve y da a aquellos que moran allí en la presencia del Señor.

Todas estas son grandes razones por las que necesitamos tanto esa relación amistosa con nuestro Padre celestial. Recuerden, somos la iglesia y el Padre es la cabeza. Necesitamos esa amistad que nos unifica en el Espíritu. Volvamos a la amistad. ¿Sabes que hay cristianos que nunca toman sus Biblias y sólo conocen la Palabra porque la escuchan de otros o en la iglesia? La gente que no conoce a Dios puede leer por curiosidad y a otros simplemente no les interesa leer la Palabra. Esa es la razón por la que ves el estado en que esta nuestro país, los Estados Unidos, hay tanta violencia. Ves la necesidad, la desesperada necesidad, de Dios. La Biblia dice que hasta la creación ha estado gimiendo.

> **Romanos 8:22-24 (NIV):** *Sabemos que toda la creación ha estado gimiendo como con dolores de parto hasta el día de hoy. No sólo eso, sino que nosotros mismos, que tenemos las primicias del Espíritu, gemimos interiormente esperando con ansia nuestra adopción como hijos, la redención de nuestros cuerpos. Porque en esta esperanza fuimos salvados. Pero la esperanza que se ve no es esperanza. ¿Quién espera lo que ya tiene?*

Las generaciones anteriores entendían que necesitaban a Dios, pero esta generación tiende a creer que no necesitamos a Dios. Otros creen que no hacen falta todos los que tienen una amistad con Dios. No creen que necesiten cultivar una relación. Ni siquiera creen que Dios es real.

De nuevo, después de un año de caminar con el Señor, supe que nunca podemos lograrlo sin Dios. Puedes ver a personas que tienen mucho dinero y una casa grande y un coche bonito y parece que lo tienen todo junto, pero en realidad no es así. Sin una amistad con Dios, no puede haber paz y la paz es realmente necesaria en esta tierra y en nuestro hogar.

He compartido con ustedes la historia de la vez que no escuché a Dios, aun cuando no tenía una relación con Él. Yo estaba llegando a los Estados Unidos con drogas. Estaba en un lugar oscuro en mi vida. Necesitaba dinero para conseguir un apartamento y cuidar de mis hijos. Me acordé que estaba en el aeropuerto esperando el avión, llegó, pero el vuelo fue cancelado hasta el día siguiente. Quería llegar con mis hijos porque nunca los había dejado con nadie. Me estaban esperando. Intenté por todos los medios conseguir un vuelo ese mismo día y todos los vuelos hacían escala en Florida y yo quería un vuelo directo para llegar a casa con mis hijos.

Estaba de pie junto a la cabina esperando a que los empleados encontraran un vuelo directo para mí. Vi una foto mía ante mí. Estaba en un coche de policía y tenía las manos esposadas a la espalda. Pasé por un barrio con casas decoradas por Navidad. No le presté atención. Dios seguía siendo misericordioso, pero yo no podía verlo.

La Biblia dice en Marcos 8:18 (KJV): *Teniendo ojos, ¿no veis? Y teniendo oídos, ¿no oís? ¿Y no os acordáis?* Eso es exactamente lo que nos pasa cuando no estamos conectados divinamente con nuestro Creador o conectados pero la relación no se cultiva. Ese día, tomé el avión a Nueva York y me detuvieron y, como vi en la visión, pasé justo al lado de esa casa con muchas luces de Navidad.

¿A quién afectó esa mala decisión que tomé? Mis dos hijos que eran mi vida y casi me mata. No quería vivir. Intenté quitarme la vida muchas veces. Esta parte de mi vida me dejo varada, y sin una pista de por dónde empezar.

Cuando estamos alejados de Dios, somos tal oscuridad. Podría contarles tantas malas decisiones que tomé en mi vida. Hoy la gente me admira por la forma en que hago las cosas y a veces hasta me preguntan cómo supe qué hacer en este caso o por qué hago cosas diferentes.

Mi respuesta es el Espíritu Santo.

Nunca podrás comprender la profundidad del amor de Dios por nosotros. Hizo todo tan perfecto para nosotros. Todo lo que tenemos que hacer es aceptarlo y atesorarlo en nuestros corazones. No fuimos creados para estar desconectados de nuestro Creador. Pertenecemos a la comunión con nuestro Creador.

10
El Papel del Espíritu Santo

Hablaba de cuando murió mi madre, de lo devastador que fue. Luego murió mi padre. Perdí a mi padre y a mi madre. Básicamente, todo lo que tenía eran recuerdos y cosas que nos habían dejado. Como mi madre era católica, creía que podía ir a la iglesia católica a la que ella iba. Me acordaba de ir allí y sentarme en el banco, triste por la muerte de mi madre. La echaba mucho de menos.

¡Qué dolor en mi corazón! El dolor era tan profundo que no podría explicarlo aunque quisiera. Me preguntaba si alguien podría llegar a entender o siquiera adivinar el tipo de dolor y soledad que sentía. Como no podía ver, oír o sentir que a alguien le importaba, me volví muy amargada. Mi corazón se endureció a causa de los abusos que recibí de mi familia y de otras personas, incluso de mi propia hermana. Solía creer que había nacido con mala suerte.

Cuando vine a Jesús, mi corazón estaba tan roto. Ni siquiera sabía nada de Él. Como dije antes, necesitaba un buen amigo que pudiera soportar mi enojo y mi quebrantamiento, el rechazo y todo el dolor que el abandono trae a la vida de una persona.

Comencé a estudiar la Biblia y a aprender sobre ella. Al leerla, sentía consuelo y ganas de llorar mucho, pero al mismo tiempo me daba una especie de paz interior. Por eso, me quedaba en mi cuarto leyéndola. Las señoras empezaron a creer que estaba loca. Empecé a aprenderme canciones y a cantar aunque no sabía cantar. Un día, mientras cantaba con todo mi corazón, mi lengua empezó a moverse rápidamente, y me asusté porque no sabía lo que estaba pasando. Empecé a llorar, y el director del coro me dijo que no apagara al Espíritu Santo; que no apagara al Espíritu Santo. Pero yo seguía moviendo las manos y llorando y tratando de detenerlo.

Aquel día me dijo muy cariñosamente que lo que me pasaba era que Dios estaba a punto de bautizarme con el Espíritu Santo. Yo seguía sin entender. Un día, sin pedir libros a nadie, llegó algo por correo envuelto en una bolsa de papel. El envoltorio parecía muy raro, pero abrí el paquete. Era un libro sobre el Espíritu Santo. No tenía dirección de dónde venía, pero empecé a leerlo. No podía dejar de leerlo. Captó toda mi atención. Empecé a aprender sobre Jesús. Mientras leía, había una parte que cambió mi vida. Aquí está la escritura:

No os dejaré huérfanos, sino que vendré a vosotros. Todavía un poco, y el mundo no me verá más, pero ustedes me verán: porque yo vivo, ustedes también vivirán. (Juan 14:18-19 GNV)

Con esto, recibí la pieza que faltaba en el rompecabezas. Mis padres terrenales se habían ido y no había nada que pudieran hacer por mí aunque quisieran; eran impotentes. Pero había un Padre celestial que, aunque estaba ausente de la tierra, iba a asegurarse de que yo no me quedara sin padre ni madre. Iba a darme una parte de sí mismo para consolarme. Él dijo que tenía que irse, pero aun así iba a dar un Consolador, un Ayudador. Él tenía que irse para que yo recibiera el Consolador.

Estas escrituras me ayudaron mucho. Aun hoy tengo hijos a quienes amo. Pero nuestro cuerpo es mortal. Es por eso que dirijo a mis hijos para que conozcan a su Padre celestial. Cuando sus padres terrenales se han ido, ellos realmente pueden encontrar consuelo en el Ayudador. Leí el libro y mi Biblia y cuanto más leía, más veía la conexión.

Juan 16:7 (KJV): *Sin embargo, os aseguro que os conviene que yo me vaya, porque si no me voy, no vendrá a vosotros el Consolador; pero si me voy, os lo enviaré.*

Juan 14:20 (KJV): *En aquel día conoceréis que yo estoy en mi Padre, y vosotros en mí, y yo en vosotros.*

En todo lo que hablamos, quiero que entiendan lo importante que es el gobierno del Espíritu Santo en nuestro caminar cristiano. Recuerda, el Espíritu Santo, que es una parte del Padre, mora en ti. Y el Espíritu Santo es el único que conoce los secretos del Padre. Jesús explicó que el Espíritu Santo nos enseñará todas las cosas y nos traerá a la memoria todo lo que Él nos ha enseñado. El Espíritu de Dios conoce el pasado (Juan 14:26), el presente (1 Corintios 2:10-11) y el futuro (Juan 16:13). Todo profesor trabaja mejor con alumnos atentos y deseosos de aprender, que dedican tiempo al profesor y hacen las preguntas adecuadas para comprender mejor la materia. Si no dedicamos tiempo a cultivar la comunión con el Espíritu, no podremos comprender sus símbolos y métodos de enseñanza ni captar los significados más profundos de las lecciones que desea enseñarnos.

Nuestro Señor explicó que el Espíritu nos guiará a toda la verdad y nos dará la capacidad de afrontar la vida y sus tensiones. Debemos cultivar un estilo de vida en el que no perdamos de vista a nuestro Guía para evitar las trampas doctrinales y las asechanzas del enemigo. Nuestro adversario invisible, el diablo, anda como león rugiente buscando a quién devorar y debemos mantener la paz con el Paráclito para burlarle (1 Pedro 5:8, Juan 16:12-13).

El Espíritu Santo nos ayuda con nuestra debilidad en la oración (Romanos 8:26-27). Él derrama el amor de Dios en nuestros corazones cuando más lo necesitamos (Romanos 5:5). Mediante su poder, podemos dar muerte a las obras de la carne (Romanos 8:13). Él nos da el consejo que necesitamos para triunfar, y nos conforma a la imagen de Cristo de un grado de gloria a otro (2 Corintios 3:18).

Nuestra hambre por crecer en la intimidad con Dios puede verse mejor cuando nos comprometemos a construir una vida de comunión diaria con el Espíritu Santo. Date suficiente espacio para fallar y cometer errores. Al igual que la relación matrimonial se vuelve más gratificante a medida que trabajas en conocer y comprender al otro más íntimamente, lo mismo ocurre con el Espíritu Santo. Y en cuanto a las relaciones, no puedes tener una relación con el Espíritu Santo sin tener una relación con el Padre. Estamos hablando de triunfo.

La Paloma del cielo es tan gentil y sensible. Nunca te forzará. El rostro de Moisés resplandeció después de su encuentro con Dios, y él no lo sabía (Éxodo 34:29). De la misma manera, el Espíritu viene como una paloma a posarse sobre nosotros y necesitamos pasar tiempo en su presencia para detectar lo que le apena o le agrada. Él nos alivia, nos consuela, nos llama por nuestro nombre; incluso puede darte un nombre cariñoso. Los momentos diarios de devoción, silencio y soledad son indispensables (Salmo 46:10). Practica vivir en la presencia de Dios momento a momento.

Saluda al Espíritu Santo cada mañana. Hazle preguntas. Invítale a que te ayude constantemente a afrontar tus retos. Comparte libremente tus alegrías y penas con Él. Acostúmbrate a consultarle tus decisiones. Al principio, puede sentirse incómodo, ya que parece no escuchar ninguna respuesta. Compréndelo, te resultará más lento tomar decisiones, pero es sólo porque aún no has aprendido a identificar Su lenguaje y Sus símbolos. Él se comunica de la misma manera y tú creces gradualmente hasta comprender lo que Él dice.

Para que se produjera la reconciliación, los discípulos tenían que expiar sus pecados. Esto no pudo ocurrir hasta después de la muerte y resurrección de Jesús. Él tuvo que dejarlos para expiar sus pecados. Una vez hecho esto, Él podría regresar, y ellos recibirían el Espíritu Santo cuando Él soplara sobre ellos.

Para que ocurriera el empoderamiento, era un poco más complicado. Aquellos discípulos iban a recibir poder para ayudarles a ir y hablar a otros de Jesús. Tenían que creer sus palabras (Juan 17:20) y ser justificados por la fe. Si Jesús *no* se hubiera ido, habría sido sencillo para todos ir a comprobarlo, ir a ver al Señor resucitado. Una prueba concreta. No habría nada que creer o no creer. Sólo habría la prueba que todos irían a comprobar. No habría justificación por la fe. Y no tendría sentido dotar a los discípulos de una medida de fe (Romanos 12:3) para hacer nada porque Jesús estaría aquí y tendría el Espíritu de Dios sin medida.

Ese mismo poder es el que Dios quiere que tengamos, por eso dice que volvamos a la amistad para tener comunión. Cuando pienso en cómo nuestro Padre hizo tanta preparación para que tengamos, solo pienso en como Jesús murió por nosotros y luego nos dejó el Espíritu Santo. Básicamente, Él nos dio parte de Sí mismo porque sabía que no podríamos vivir esta vida cristiana con la ayuda del Espíritu Santo.

Personalmente, estoy muy agradecida por todo lo que Dios ha hecho por mí. No hay palabras para expresar mi gratitud. Creo que cuando el Señor quiso que yo escribiera este libro, Él estaba desconsolado al ver cómo Su pueblo que Él creó, con un plan tan grande en mente para nuestras vidas, ha dejado Su amistad. Sé que todo esto es real porque cada día veo la obra del Espíritu Santo.

Quiero mencionar y hablar sobre el papel del Espíritu Santo en nuestro regreso a la amistad con nuestro Padre celestial. Como dije antes, el Espíritu Santo es el único que conoce el secreto de Dios y eso es tan importante para que sigamos los pasos para volver a nuestro Padre.

Mi esperanza es que este libro ayude a alguien a entender su necesidad de Dios y a comprender que no podemos vivir sin la presencia del Señor en nuestra vida. Hay tanto peligro hoy en día en todas partes para nosotros y nuestros hijos y nuestra familia. Ansío cada día caminar con el Señor. Sepa que en este libro puede encontrar todo lo que necesita no sólo para volver a su Padre celestial, sino también para cultivar una relación con la ayuda del Espíritu Santo.

Cuando miro las noticias y miro a los televangelistas y las vidas que viven, sé que no están siendo guiados por el Espíritu Santo y que no tienen una relación íntima y comunión con nuestro Padre celestial.

11
Mi Propia Experiencia Caminando en La Presencia de Dios

En mis veinticinco años de caminar con el Señor, puedo decir que nunca experimenté un amor y una relación fiel como la que he experimentado con mi Padre celestial. Le estoy tan agradecida por haber salvado mi vida de la destrucción. hacia la que me dirigía. Por eso hoy, cada vez que puedo ayudar a evitar que alguien tome ese camino, recuerdo cuánto dolor nos causó a mis hijos y a mí.

Hoy, mi hijo mayor es sargento instructor en el Cuerpo de Marines y mi hijo, Jorge, es asistente perioperatorio en el campo de la medicina.

Todos mis hijos aman a Dios al igual que mis nietos. Amo al Señor con todo mi corazón y mi alma. Nunca podré dejar de contar las bondades de mi Señor y lo que ha hecho por mi familia y por mí. La muerte no pudo conmigo aunque vino en tres formas: primero, como cáncer de mama, segundo como un infarto silencioso, y tercero como una operación a corazón abierto de siete horas. Pero Dios envió a todos sus ángeles en mi favor.

Sé de lo que hablo porque conozco y he experimentado al Señor. Sé que hay mucha gente que no cree. Es por eso que Él permite que algunos de nosotros pasemos —para que regresemos y testifiquemos y dejemos que la gente sepa que Dios es real. No estoy segura, pero creo que fue mientras estaba en la mesa de operaciones, recuerdo que vi un ojo con lágrimas y parecía que estaba cansado, y miraba a la derecha y a la izquierda con lágrimas. Yo sé que era mi Señor presente conmigo. Él dijo: "Aunque ande en valle de sombra de muerte, no temeré mal alguno, porque tú estarás conmigo; tu vara y tu cayado me infundirán aliento" (Salmo 23:4).

Puedes confiar en la Palabra de Dios. Él no es como el hombre; Él no miente (Números 23:19). He visto la Palabra de Dios desplegarse en mi vida y en la vida de mis hijos y en el ministerio. Espero verlo algún día y hacerle saber cuánto lo amo y cuánto anhelo darle un gran beso y un gran abrazo. Lo amo tanto. Sé que no puedo y no quiero vivir sin Él. No sabría vivir sin la presencia del Señor. Él es mi soporte vital.

Todo lo que quiero hacer es complacerlo y ser obediente. Su Palabra mantiene mi corazón puro para agradarle, y para perdonar y amar a la gente. Rezo mucho para que Dios nos dé Su corazón para que podamos tener la misma compasión que Él tiene por la gente. Créeme cuando te digo que no hay nada como tener la presencia de Él en tu vida. No importa lo que estés enfrentando, sentirás una gran paz y sabrás que no estás atravesando por ti mismo. Él está allí llevándote. Nuestro Padre celestial es el mejor. Él es supremo.

Omnipresente, omnipotente y omnisciente. La omnisciencia es lo que me da confianza en mi Padre. No hay nadie más sabio que Él. La omnisciencia de Dios es el principio de que Dios es omnisciente; Él abarca todo el conocimiento del universo -pasado, presente y futuro. En el principio, Dios creó el mundo y todo lo que hay en él, incluido el conocimiento.

Todo lo que quieres y necesitas, tu Padre celestial lo tiene. No dejes que nada ni nadie te engañe. La paz que el mundo ofrece es temporal, pero la paz del Padre es eterna, y sobrepasa todo entendimiento humano.

Él nos da la paz perfecta.

Quiero que sepan que, aunque no sé quién va a leer este libro, ya me siento conectada con ustedes. Los quiero a todos. Que el Señor los ilumine y los llene de Su presencia. Que sigan teniendo hambre de Él a medida que pasen los días.

La Oración

Por favor, reza esta oración si no conoces al Señor, o si lo conociste y te has alejado de Él. Cuando digas esto, léelo como si estuvieras en una máquina de soporte vital y la única manera en que vivirás es si te mantienes conectado.

Padre, mientras vengo ante Ti en el nombre de tu precioso hijo, Jesucristo, quien me aclaró las cosas para Ti a través de Su muerte en la cruz, te pido que por favor me perdones de mis pecados y me laves.

Confieso que he pecado y he hecho mal a tus ojos, pero Tú dijiste en Romanos 10:9 que si confieso con mi boca y creo con mi corazón, estaré a salvo. Con mi corazón creo y con mi boca mi confesión es hecha para salvación.

Espíritu Santo te pido que me ayudes en mi caminar con mi Padre y me ayudes con la lectura de mi Biblia. Tráeme revelación y entendimiento y guárdame cuando no pueda guardarme a mí mismo. En el nombre de Jesús. Amén.

Acerca de Mí

Soy la Dra. Laverna Moorer, estoy casada y tengo tres hijos. El Señor me llamó al ministerio en 1992 y el ministerio *Mujeres de Excelencia* es para mujeres en transición de la cárcel y sin hogar, así como para mujeres maltratadas. También tengo la bendición de llevar la iglesia que Dios me reveló: Los Ministerios Internacionales del Corazón de Dios.

Este libro no estaba en mi mente hasta que el Señor me reveló cómo Su gente estaba en la condición en la que están porque no había una relación--- ninguna amistad---con Él. Ellos no lo conocen. Todo lo que hacen es venir a Él a rogar. Sin embargo, por Su gracia, Él nos está llamando de regreso a nuestro primer amor.

"Ven ahora, arreglemos esto," dice el Señor. "Aunque tus pecados sean como la grana, yo los haré blancos como la nieve. Aunque sean rojos como el carmesí, los haré blancos como la lana". (Isaías 1:18)

Estoy tan agradecida al Señor por salvarme y darme otra oportunidad. ¿Le darás tu corazón a Él?

www.ingramcontent.com/pod-product-compliance
Lightning Source LLC
LaVergne TN
LVHW041543060526
838200LV00037B/1116